백 년의 기억,
베스트셀러 속 명언 800

책 속의 한 줄을 통한 백 년의 통찰

Memory of 100 years,

800 Wise sayings Of Best sellers

백 년의 기억, 베스트셀러 속 명언 800

- 인문학자 김태현 지음 -

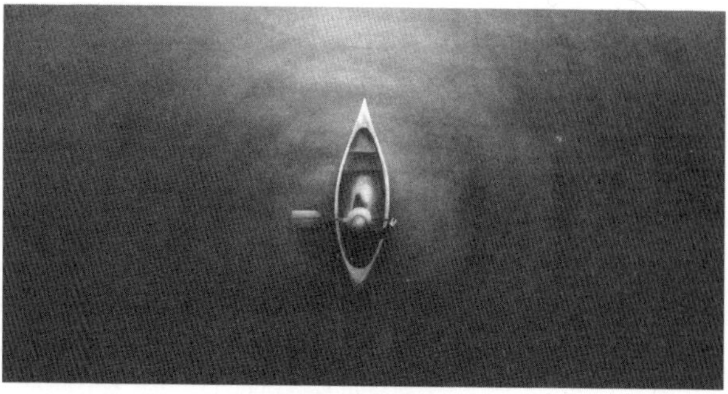

RITEC CONTENTS

| prologue |

"책 속의 핵심을 파고들다"

어떤 운명은 우리에게 일방적으로 주어집니다. 태어나는 나라, 지역, 부모 등은 우리가 어쩔 수 없어 숙명이라고도 합니다. 하지만 대부분의 운명은 우리 스스로의 선택에 의해 만들어집니다. 이미 정해져 있는 운명 같은 인생 속에서도 각자의 길은 다르게 펼쳐집니다. 그 속에서 사람마다 선택이 다르기 때문입니다. 좌절하느냐 재기하느냐, 그것은 운명이 아니라 우리의 선택입니다.

우리는 성공적인 인생, 후회 없는 인생을 살기 위해 주변의 이야기를 듣습니다. 어떻게 해야 행복한 삶을 살 수 있는지 후회 없는 선택을 할 수 있는지 끊임없이 고민합니다. 우리는 좀 더 나은 사람이 되기 위해 변화를 모색하고, 변화를 위해서는 꾸준한 영감이 필요합니다. 그리고 세상에 출간된 수천만, 수억 권의 책들은 우리에게 그러한 영감을 줄 수 있습니다.

그 많은 책들은 어떤 이야기를 하고 있을까요? 어떻게 보면, 모두 한 가지를 이야기하고 있지 않을까요? 책들의 핵심은 결국 '행복을 위한 변화'입니다. 우리는 행복하기 위해 변화를 택하며, 변화를 위해 꾸준히 책을 읽고, 스스로를 돌아보고, 미래를 설계합니다. 이 책은 그런 당신을 위해 만들어졌습니다.

적지 않은 나이가 될 때까지 수만 권의 책을 읽으면서 저에게 좋은 통찰과 변화의 동기를 부여했던 많은 책들이 있습니다. 어떤 책은 30분만에 독파한 책도 있었으며, 다른 책은 곁에 두고 책장이 닳을 때까지 읽고 또 읽은 책도 있었습니다. 고민이 생길 때마다 답을 얻기 위해 펼친 책도 있었고, 마음이 지치고 힘들 때 위로를 얻기 위해 마음에 새겨둔 책도 있습니다. 책은 그때 그때의 감정, 상황에 따라 다르게 다가오곤 합니다.

제가 경험했던 많은 고민들, 그리고 그 고민을 해결할 통찰을 제시해 준 책들. 그 수많은 책들 중 가장 기억에 오래 남은 베스트셀러 800권을 선정하여 여기 한 권에 모아보았습니다. 이 책은 책장을 덮은 후에도 여운을 남기고 머릿속에 새겨지는 한 권의 정수와 같은 문장만을 따로 모아 엮어낸 책입니다. 이 책을 읽고 나면 수십 년에 걸쳐 읽어야 하는 책 800권을 깊게 음미한 것과 같은 경험을 할 것입니다.

꿈과 목표, 시간, 변화, 인간관계 등 … 여러분이 살아오면서 한 번쯤은 고민해 보았을, 일상에 맞닿은 사소한 가치에 대해서도 책은 답을 제시해 주고 있습니다. 또한 다가올 미지의 미래에 대해 품었을 불안감을 해결해 줄 수 있는 인문학, 역사와 같은 분야도 여러분에게 많은 통찰을 제공할 것입니다.

책은 시대의 지혜를 담고 있습니다. 지혜란 이전의 100년과 앞으로의 100년 속에서도 쉽게 변하지 않는 가치입니다. 이 책 속에는 과거의 100년을 돌아보고, 미래의 100년을 내다볼 수 있는 통찰이 담겨 있습니다. 이 책 한 권을 읽는 것만으로도, 수많은 저자가 몇백 년간 쌓아온 지혜와 철학들을 고스란히 배울 수 있을 것입니다. 이 책이 독자 여러분의 인생 지표가 될 수 있으면 좋겠다는 바람을 담습니다.

인문학자 김태현

차 례

Part 2

버림을 통해 채움을 얻는 방법

#정리 #미니멀리즘 #혼자의삶 #메모 #덜어내기

47

Part 3

지친 마음을 보듬어주는 책 속의 한 줄들

#산문 #마음을울리는 #위로의문장 #공감

69

Part 4

픽션으로 세상을 보다

#소설 #인생 #열정 #용기 #사랑 #삶

91

172 모든 것은 나 하기 나름이다 | 173 꼭 하고 싶은 일 | 174 평범함의 가치 | 175 우리의 삶은 통제 불가능하다 | 176 사랑의 현실 | 177 딱 한 번의 결정 | 178 밟으면 꿈틀하라 | 179 행동으로 이어진다는 것 | 180 신의 계율 | 181 나는 싸운다 | 182 간절히 원하는 것은 우연이 아니다 | 183 어설픈 애정과 무정함 | 184 앵무새를 죽이는 것 | 185 모든 것은 그저 지나간다 | 186 미래라는 것이 없으면 과거도 없다 | 187 예기치 못한 슬픔 | 188 눈송이 같은 사랑 | 189 사랑이 하고 싶어서 | 190 타인을 가장 쉬운 방식으로 이해하는 것 | 191 시공간의 감옥에서 벗어나면 | 192 일어날 일은 일어난다 | 193 위대하지 않고서도 이루어지는 자리 | 194 죽음이 우리를 홀로 남겨놓는다 | 195 간절히 원하면 우주가 돕는다 | 196 나를 발견해 줘 | 197 운명의 자객 | 198 시시한 데서 시작되는 것 | 199 어김없이 날은 밝아온다 | 200 행복은 웅장한 것이 아니다 | 201 먼 등불처럼 차가운 | 202 가장 안전한 커뮤니케이션 | 203 과거의 진실이 현재를 움직이다 | 204 미소를 보고 깨닫다 | 205 나의 진짜 이름 | 206 우주를 넘어선다면 | 207 사랑에 익숙해지는 것 | 208 추방된 갈매기 | 209 지배한다는 것 | 210 나를 사랑해주세요 | 211 인간이 되어 살다 | 212 사소한 변별 | 213 고요한 삶의 구원 | 214 오늘의 기억 | 215 사람이 머물다 가는 곳 | 216 보다 잘 실망하는 법 | 217 낡음을 뒤집어라 | 218 벗어나기 위해 떠나다 | 219 나의 아홉 살 | 220 안간힘으로 두들겨야 하는 인생 | 221 막다른 길에 이르는 것 | 222 우리가 알고 있는 사람 | 223 나의 가슴 아픈 외로움 | 224 아집에 불과한 희망 | 225 선악의 갈림길에 서는 것 | 226 내가 잊고 있던 연민과 사랑 | 227 진실에 가까워지는 길 | 228 인간은 전선과 같다 | 229 확신할 수 없는 감정

Part 5

역사도 인생도 똑같이 반복한다

#히스토리 #사회의흐름 #과거 #반성과성찰 #교훈

113

Part 6

미래를 움직이는 인문학

#내면 #인간 #인문예술의꽃

135

Part 7

꿈과 목표는 어떻게 인생을 바꾸나

#꿈 #목표 #이상 #도전 #버킷리스트

159

Part 8

나의 시간을 내가 지배하는 법

#자기관리 #시간 #습관 #아침형인간 #마인드컨트롤 #얼리버드

185

401 불안에서 벗어나는 방법 | 402 성공하기로 결심하다 | 403 반복되는 습관 | 404 머릿속의 선을 지워라 | 405 30분 차이 | 406 습관의 힘 | 407 경험을 책임지다 | 408 시간을 보호하라 | 409 작은 변화 | 410 실현 가능한 목표 | 411 한 번에 집중할 세 가지 | 412 목표와 방향을 정확히 | 413 아침의 잠재력 | 414 성공을 부르는 도미노 효과 | 415 강인한 사람 | 416 소크라테스식 질문의 힘 | 417 분명한 목적 | 418 의지와 전략 | 419 강한 내면의 힘 | 420 시작은 청소부터 | 421 로켓에 탈 수 있다면 | 422 뇌의 능력이 강력해지는 시간 | 423 혼자의 힘 | 424 체크리스트 | 425 시간관리의 이유 | 426 시간 전망 | 427 첫걸음마 | 428 햇빛으로 종이를 뚫는 방법 | 429 스스로 태도 바꾸기 | 430 효과적인 시간관리법 | 431 슬럼프는 위로를 먹고 자란다 | 432 인생은 여정이 아니다 | 433 운이 좋은 괴짜들 | 434 융통성을 가져라 | 435 기본의 힘 | 436 고정관념을 부수는 시간관리법 | 437 우리가 일을 미루는 이유 | 438 아침에는 벌떡 일어나라 | 439 본질적 문제 찾기 | 440 내 삶의 철학 | 441 나름의 기준으로 정리한 책상 | 442 진정으로 원한다면 | 443 시간은 충분하다 | 444 회복 시간 | 445 목표보다 방법 | 446 바로 지금 시작하라 | 447 윤리적 시간 사용 | 448 바쁘게 살아가는 까닭 | 449 저항과의 싸움 | 450 가장 중요하고 가장 부족한 | 451 스타이면서 매니저가 되는 법 | 452 미래 설계와 노후 | 453 타인의 인정 | 454 불안의 에너지 | 455 주말의 성과 | 456 꿈을 이루어주는 수첩 | 457 타임 어택

Part 9

미래와 미경험의 세계를 도전하는 힘

#변화 #도전력 #트렌드세터 #미래예측 #실행력 #모험심

211

Part 10

인생의 안목과 센스를 기르는 방법

#독서법 #공부법 #독서의힘 #생각의힘 #주도적학습

235

Part 11

인간관계에도 정답이 있다면

#인간관계 #대화 #화술 #설득 #협상 #타인

259

Part 12

0.1% 탁월한 사람들의 인사이트

#긍정 #긍정심리 #긍정의힘 #적극적사고 #진취적사고

283

Part 13

돈의 사이클을 만들어내는 부자들의 비밀

#부자 #돈 #재테크 #부동산 #주식

307

PART 1

좀 더 느리게 걷다 보면 보이는 것들

#실패 #불안 #좌절 #고통
#자존감 #위안 #치유 #극복하는힘

한 사람이 인생에서 겪는 모든 경험은 그 사람의 재산이다. 재산이니만큼 좋은 것만 쌓으려고 하지만, 그렇지 못한 것이 인생이다. 행복한 나날만 계속되는 인생은 없다. 전체적으로 보면 행복도 불행도 아닌 그저 그런 나날이 계속되다가 때론 행복하고 때론 불행한 것이 인생이 아닐까? 그리고 아주 공평한 건 언젠가는 모든 것이 끝난다는 것이다.
살아 있는 동안 모은 재산은 죽으면 소용이 없어지지만, 경험은 추억거리가 되고, 발전을 위한 재료가 된다. 그러나 추억이라는 재료는 활용되어야만 가치가 있다. 불행 속에도 행복의 씨앗이 숨어 있다. 주저앉으면 씨앗은 썩는다.

001 | 미움을 내려놓는 일

용서했다고 해서 반드시 화해해야 하는 것은 아니다. 용서는 상대방의 잘못을 인정하는 것이 아니라, 오랫동안 나를 힘들게 했던 내 마음속의 미움을 내려놓는 일이다. 여전히 속상하고 억울한 면이 없지는 않겠지만 용서는 남은 삶을 위해서 할 수 있는 최선의 선택이다.

_한창욱, 『*걱정이 많아서 걱정인 당신에게*』

002 | 인생은 비상이 아니다

우리는 우리가 세운 목표를 너무 심각하게 받아들인 나머지 그 과정에서 즐거움을 느끼는 법과 약간의 여유를 허락하는 방법조차 잊어버린다. … 일이 원래 세운 계획에 꼭 들어맞지 않더라도 인생은 계속될 것이다. 이 사실을 명심하고, 다음의 유익한 문장을 반복해서 떠올리자. "인생은 비상사태가 아니다!"

_리처드 칼슨, 『*사소한 것에 관한 큰 책*』

003 | 평안함을 주는 자기암시

긴장을 풀고 편안한 상태에서 자신에게 다음과 같이 말하라. "버리겠어. 내려놓겠어. 모든 긴장감도 내려놓겠어. 모든 두려움을 버리겠어. 모든 분노의 감정을 내버리겠어. 죄책감에서 벗어나겠어.

슬픔도 모두 내려놓겠어. 이제 나는 평화로워. 내 자신이 평화로워. 내 삶도 평화로워. 나는 평안해." 이 훈련을 두세 번 반복하라.

_루이스 L. 헤이, 『치유』

004 | 스트레스와 친구 맺기

사람이 눈을 감는 그 날까지 스트레스가 졸졸 따라다니게 된 것이다. 이왕 이렇게 된 거, 스트레스를 피하지 말고 잘 사귀어두면 어떨까? 좋은 친구가 되는 것이다. 좋은 친구는 마이너스가 아닌 플러스로 작용할 수 있다.

_나카타니 아키히로, 『스트레스의 재발견』

005 | 마음을 잡아주는 사랑

사람의 마음에 뼈를 잡아주는 인대와 같은 것들이 있어야 합니다. 따뜻한 가정, 행복한 일들, 소망, 이런 것들이 마음을 잡아주어야 마음이 바로 서 있을 수 있습니다. 그런 것들이 없으면 마음이 쉽게 이지러집니다. 그래서 사람에게는 어머니의 따뜻한 사랑, 아버지의 깊은 사랑, 친구의 우애 등 서로 마음을 나누는 것이 정말 중요합니다.

_박목수, 『마음을 파는 백화점』

006 | 판단하는 마음을 버려라

사람이 고민에 빠지는 이유 중 하나는 지나치게 판단하는 마음 때문입니다. 판단이란 이 일에 의미가 있는지 없는지, 인생은 살 만한 값어치가 있는지 없는지, 그 사람과 자신을 비교하면 어느 쪽이 뛰어나고 뒤처지는지 등 단정을 짓거나 선입견을 갖게 되는 것을 말합니다.

_구사나기 류슌, 『*반응하지 않는 연습*』

007 | 불안의 이유 탐색

당신도 혹시 실수를 저지를지도 모른다는 끊임없는 두려움 때문에 과도하게 일에 매달리고 있는가? 그렇다면 이번 기회에 이 불안이 무엇에서 비롯되었는지, 최악의 경우 어떤 일이 벌어질 것 같은지 곰곰이 떠올려보자.

_슈테파니 슈탈, 『*심리학, 자존감을 부탁해*』

008 | 고통과 마주하는 것

자신의 인생에서 도망치지 않겠다고 결심했을 때 회복의 순간은 찾아온 것이다. 그리고 자신의 경험을 통해 융은 정신적인 증상이 고통에서 도망침으로써 생긴다는 것, 그러므로 그 고통과 마주하는 것 외에 진정한 극복은 없다는 것을 체득했던 것이다.

_오카다 다카시, 『*나는 왜 혼자가 편할까?*』

009 | 삶의 맥락을 바꾸는 법

삶의 게슈탈트, 즉 맥락을 바꾸는 방법은 대충 세 가지다. 첫째, '사람'을 바꾸는 거다. 항상 같은 사람들을 만나 똑같은 이야기를 반복하지 말아야 한다. 둘째, '장소'를 바꿔야 한다. 장소가 바뀌면 생각과 태도도 바뀐다. 내가 일본에서 몇 년 지내보니 진짜 그렇다. 마지막으로 '관심'을 바꾸는 것이다.

_김정운, 『*가끔은 격하게 외로워야 한다*』

010 | 타인에게 휘둘리지 마라

내가 어떤 사람에게 시간과 에너지를 소모 중인지 자세히 살펴보라. 그토록 많은 시간과 에너지를 쏟을 만한 사람인가? 그렇지 않다면 상대에게 필요 이상으로 힘을 내주고 있는 셈이다. 상사가 얼마나 재수 없게 구는지 직장 동료와 한탄하는 순간순간 상사에게 더 많은 힘을 주고 있는 것이다.

_에이미 모린, 『*나는 상처받지 않기로 했다*』

011 | '다른 우주'라고 생각하기

연애에서는 으레 서로에게 뭔가를 구하게 되지만, 그런 상태를 내버려 두면 연애 그 자체를 파국으로 몰아가는 힘든 상황을 겪게 됩니다. 따라서 이런 자멸에 이르지 않으려면 '당신과 나는 궁극적으로 다른 우주'라고 냉철하게 생각할 필요가 있습니다.

_코이케 류노스케·미야자키 테츠야, 『*혼자인 순간 나를 만나라*』

012 | 사랑은 게임이 아니다

사람들은 사랑이라는 단어를 깔보면서 동시에 항상 자신을 깊은 미망과 초조함 속으로 빠트립니다. 특히 다른 사람으로부터 특별한 관심과 애정 그리고 따뜻한 보살핌을 필요로 할 때에는 더욱 그렇습니다. 왜냐하면 우리들 모두 감정적으로 남을 책임지지 않으려 하면서, 동시에 남들이 자신을 100퍼센트 책임지길 희망한다는 것을 알고 있기 때문입니다. _팡차오후이, 『*나를 지켜낸다는 것*』

013 | 할 말을 줄여라

무언가 할 말이 있을 때에는 '이 말을 정말 꼭 해야만 할까'하고 한 번쯤 생각해본 뒤에 하면 실수가 줄어든다. 체크하고 또 체크해서 자기를 노출시키는 이야기를 함부로 지껄이지 않는다면, 그때부터 자기 농도는 옅어져 다른 사람들과의 관계가 훨씬 부드러워질 것이다. _코이케 류노스케, 『*침묵 입문*』

014 | 분노 내려놓기

단순히 마음이 내키지 않는 것도, 누군가를 질투하는 것도, 과거를 후회하는 것도, 쓸쓸한 기분이 드는 것도, 긴장하는 것도 원인은 모두 하나이다. 바로 분노의 번뇌 에너지가 연료가 되어 타오르는 충동이다. 만일 조금이라도 반발의 힘이 작용한다면, 그것은 분노라 할 수 있다.

_코이케 류노스케, 『*생각 버리기 연습*』

015 | 행복을 찾아나서다

중요한 건, 상황이 어떻든 행복을 느끼는 사람들이 분명히 있다는 거예요. 그런 사람들의 공통점이 뭔지 아세요? … 행복은 주어지는 게 아니라는 걸 아는 사람들, 그래서 적극적으로 행복을 찾아나서는 습관을 가진 사람들이라는 거예요.

_이지성, 『*지금부터 행복해지는 일*』

016 | 절제하는 힘을 길러라

브레이크 성능을 믿을 수 있을 때 자동차가 전속력으로 질주하듯이, 하고 싶은 일을 최대한 하려면 자제력을 키워야 한다. 왜냐하면 절제하는 힘은 젊음을 맘껏 발산케 해주는 안전장치이기 때문이다.

_박옥수, 『*나를 끌고 가는 너는 누구냐*』

017 | 직감을 믿어라

돌이켜보니, '바로 그때 그런 결정을 내린 것이야말로 내 삶에 큰 행운이었어!'라고 삼을 만한 결정이 있게 마련이다. 단순히 운이 좋았기 때문에 좋은 결과가 나타났을까? 단언컨대 절대 아니다. 핵심은 자신의 마음속에 울림, 그러니까 '잘 될 것이다', '왠지 기분이 좋지 않다', '이 일은 강하게 밀어붙여야 한다' 등등의 감이다.

_밥 셀러스, 『위닝포인트』

018 | '비난'이라는 물건

만일 누군가가 당신을 비난하거나 무시하거나 깎아내리면 그것을 당신에게 건네려는 어떤 물건이라고 생각하라. 당신이 그 물건을 '받지 않으면' 그만이다. 그 물건은 그냥 상대방의 손에 남아 있을 것이다.

_마리사 피어, 『나는 오늘도 나를 응원한다』

019 | 나의 민낯을 받아들이기

먼저 나를 바라봐 주자. 사람은 자신을 알아갈수록 편안하고 자유로워진다. 나를 바라보면 나를 알아가게 된다. 혹 새로이 알게 된 나 자신이 맘에 들지 않아도, 부족해도 그대로 나로서 인정해 주자. 그동안 수고했고, 열심히 살아왔다고 인정해주자. 그리고 누군가에게 마음의 상처를 받았다면 그 상처를 싸매 주자.

_이무석, 『*30년만의 휴식*』

020 | 잠에서 깼을 때

매일 아침, 잠에서 깼을 때 가만히 앉아 자신에게 감사한 것 열 가지를 생각해 보고, 감사의 마음을 온몸으로 느낀다. 그런 후에 4~5분 동안 편안하고 잔잔한 마음으로 그날 하루를 무사히 잘 보낼 수 있기를 기원한다. 기도는 효과가 있을 것이다.

_소니아 리코티, 『*언씽커블*』

021 | 중압감을 즐거움으로

훌륭한 운동선수는 중압감 속에서 뛰어난 기량을 발휘한다. 이런 사람들은 불안한 마음을 잘 통제해서 유용한 형태로 다듬는다. 본질적으로 최고로 성공을 거둔 사람은 중압감을 즐거움으로 전환하는 방법을 깨우쳤다.

_그레그 스타인버그, 『*감정활용의 기술*』

022 | 이 또한 지나가리라

누구에게나 역경은 있다. 특히 젊은 날에 경험하는 여러 힘든 일들은 삶에 대한 연륜이 쌓였을 때 겪는 역경보다 훨씬 더 큰 충격이 될 수 있다. 그러나 모든 것은 다 지나가기 마련이고, 되돌아 보면 그런 좌절의 순간들이 더 나은 미래를 만드는 주춧돌이 될 수 있음을 기억해야 한다.

_공병호, 『공병호의 인생강독』

023 | 약점을 인정하라

누구나 약점은 가지고 있다. 그리고 그 약점을 인정하는 사람이 행복해진다. 자기의 약점을 인정할 수 있기 때문에 다른 사람을 부드럽게 대할 수 있다. 자기의 약점을 인정하는 것으로 약점이 없는 것 이상의 '행복감'을 맛볼 수 있다.

_가토 다이조, 『열등감을 자신감으로 바꾸는 심리학』

024 | 내 마음의 우물

내 마음의 깊이는 다른 사람이 던지는 말을 통해 알 수 있습니다. 내 마음이 깊으면 그 말이 들어오는 데 시간이 오래 걸립니다. 그리고 깊은 울림과 여운이 있습니다. 누군가의 말 한마디에 흥분하고 흔들린다면 아직도 내 마음이 얕기 때문입니다.

_조신영, 『쿠션』

025 | 상처는 스스로 치료하는 것

해가 지면 또 해가 뜨듯이 그렇게 사랑은 흘러갑니다. 이별과 재회도 인생의 한 부분입니다. 상처가 아물면 다시 시작해야 합니다. 상처를 치유해주고 당신의 사랑을 완성시켜줄 상대를 기다리지 마십시오. 당신의 상처는 당신 스스로 치료해야 합니다.

_김진세, 『*심리학 초콜릿*』

026 | 상실의 분노

분노가 솟구치면 소리 내어 분노하라. 판단하지 말고, 의미조차 찾으려 하지 않고, 오직 분노 그대로를 느껴라. 어차피 삶은 불공평하다. 죽음 역시도 불공평하다. 그러니 이토록 불공평하기 짝이 없는 상실 앞에서, 어찌 분노하지 않을 수 있으랴.

_엘리자베스 퀴블러 로스·데이비드 케슬러, 『*상실 수업*』

027 | 시간을 믿어라

만약 당장 자신을 믿기 어렵다면 시간을 믿으십시오. 열 마리 말이 하루를 갈 길이라면, 한 마리 말로 열흘을 가면 됩니다. 자기를 믿기 어렵다면 자신에게 좀 더 시간을 주십시오. 인생에서 중요한 문제는 대개 급하게 처리할 일들이 아닙니다. 천천히, 결국은 해결하리란 믿음이 나와 내 인생을 좌절과 비난에서 건져낼 것입니다.

_서천석, 『서천석의 마음 읽는 시간』

028 | 쉼표

아무리 아름답고 화려한 문장일지라도
호흡이 길면 처지기 마련이다.
그러니 사람과의 관계에도 조급해 말고
자그마한 쉼표를 둘 수 있는 여유를 갖길.

_이정현, 『달을 닮은 너에게』

029 | 과거를 용서하라

그리고 새로 시작하기 위한 첫걸음은 바로 과거를 용서하는 것이라고 강조하고 싶다. 과거의 모든 상황과 경험이 지금의 나를 만들었으므로. 지금의 나를 인정하고 긍정하려면 우선 나의 잘못을 포함하여 과거에 일어난 모든 일과 서로에게 준 상처를 받아들이고 용서해야 한다.

_줄라이, 『치유, 진짜 나를 찾게 된 순간』

030 | 어린 시절의 나와의 문답

'내가 뭘 하고 싶은지 모르겠다.' 이렇게 마음이 무뎌진 것은 신경 쓰고 눈치 볼 게 많은 어른이라 그렇습니다. 자신의 순수한 기쁨을 인생의 최우선순위로 여길 줄 알았던 그 시절의 당신에게 질문해보세요. 난 어떤 사람이었냐고요. 아마 그 소녀는 답을 알고 있을 겁니다.

_최혜진, 『그림책에 마음을 묻다』

031 | 올바른 길에도 가시덤불은 있다

네 인생은 잘못되지 않았어. 지금 조금 힘들다고, 지금 잠시 일이 풀리지 않는다고 네 인생을 망쳤다고 생각하지 마. 올바른 길에도 가시덤불은 있는 거야. 올바른 길을 선택했기 때문에 지금의 어려움을 겪어야만 하는지도 몰라.

_서동식, 『삶에 지친 나에게 내가 해주고 싶은 말』

032 | 내면적 분노의 근원

중요한 것은 그 분노가 어떻게 발생했는지, 사실은 누구에게 표현되어야 하는지 깨닫는 일이다. 그리고 무엇보다 중요한 것은 그렇게 도사리고 있는 평생의 분노를 해결하기 위해 어떻게 '교활'하게 행위해왔는지 통렬하게 깨닫고 그것을 멈추겠다는 결심을 해야 한다는 것이다.

_이승욱, 『상처 떠나보내기』

033 | 설거지 하는 명상

설거지를 할 때에는 설거지만 해야 합니다. 설거지를 할 때에 자기가 설거지를 하고 있음을 알아차려야 한다는 말이에요. 처음에는 그런 단순한 일에 왜 그리 역점을 두는지 좀 이상해 보일 것입니다. 그러나 바로 그게 요점이에요. 내가 여기 서서 그릇을 닦고 있다는 사실이 그대로 놀라운 현실입니다. _틱낫한, 『틱낫한 명상』

034 | '엄마가 기억하는 나'를 찾다

살다 보면 치유적 존재의 도움이 절실해 두리번거리게 되는 때가 있습니다. 하지만 대개 그것은 파랑새 찾기처럼 내 안에 있는, '엄마가 기억하는 나'를 찾는 과정과 다르지 않습니다. 내가 깊이 사랑하는 누군가가 기억하는 '나'를 떠올리는 바로 그 순간, 모든 인간은 치유적 존재가 됩니다. _정혜신·이명수, 『홀가분』

035 | 조용히 응시하라

화를 억지로 누르려 하거나 화를 풀어보려고 고함을 지르고 물건을 던지고 폭언을 퍼부으며 날뛰면 분노의 불길은 더욱 크게 번져갑니다. 아난이 웅덩이에서 맑은 물을 기다리듯, 하마가 연못에서 눈알을 찾듯, 그저 조용히 자신의 마음을 응시해보세요. 고요하고 평화로운 본래 마음이 서서히 모습을 드러냅니다.

_정목, 『비울수록 가득하네』

036 | 기쁨을 선택하라

기쁜 것을 선택하는 것, 그것이 열쇠입니다. 나 자신이 참으로 기쁜 일을 하다 보면, 그것이 징검다리가 되어 상처가 치유되고 상황이 바뀝니다. 어둠 속에서도 빛을 찾아 그것과 하나 될 때, 주위에 빛을 가져오고 내 삶에 치유가 일어나는 것입니다.

_데보라 킹, 『진실이 치유한다』

037 | 분노 뒤에 있는 속마음

명상을 한다고 해서 당장 화를 내지 않게 되는 것은 아닙니다. 다만 지금 내가 느끼는 화라는 감정 역시 내가 붙들고 있지만 않으면 활활 타오르고 사라지는 감정이라는 것을 알아차리게 됩니다. 그리고 불꽃 뒤에 남아 있는 잿더미에서 진짜 여러분의 속마음을 알아낼 수 있게 됩니다.

_유정은, 『마음 보기 연습』

038 | '존재의 상태' 선택하기

당신은 가슴이 원하는 것은 무엇이든 선택할 수 있다. 하지만

이 점을 알아야 한다. 당신 가슴이 원하는 것은 '존재의 상태'이지 고용의 상태가 아니다. 직업이 아니다. 직업이란 다만 어떻게 하면 당신이 되고 싶은 것이 되는지 당신이 결정한 것이다.

_닐 도널드 월쉬, 『*신이 말해 준 것*』

039 | '의지할 권리'를 말하라

힘들면 힘들다고 말하고 싶습니다. 하지만 우리는 자신의 약함을 애써 외면합니다. 왜 그럴까요? 그것이 자신의 자존심이며 능력이라고 믿는 걸까요? 스스로를 부끄럽게 여기는 건강하지 못한 수치심, 이것이 내재된 사람들은 남에게 '의지할 권리'를 쉽게 인정하지 않습니다.

_이봉희, 『*내 마음을 만지다*』

040 | 내가 원하는 것으로 가는 삶

우리는 신에게, 삶에게 묻곤 한다. '왜 나에게는 이것밖에 주지 않는 거지?' 그러나 보이지 않는 목소리가 답한다. '이것이 너를 네가 원하는 것에게로 인도하기 때문이다.' 그 속삭임을 듣지 못할 때 우리는 세상과의 내적인 논쟁에 시간을 허비한다.

_류시화, 『*좋은지 나쁜지 누가 아는가*』

041 | 인생은 준비의 연속이다

무엇인가를 손에 넣기 전에는, 반드시 그를 위한 준비를 해야 합니다. 인생이란 보다 큰 것을 향해 가기 위한 준비의 연속입니다. 모세는 80년을 걸려 준비했고, 40년을 소비하며 일했습니다. 예수는 3년을 위해 30년을 준비했습니다. 그러나 우리 대부분은 '당신도 5분이면 할 수 있다'와 같은 교재로 준비를 하려 듭니다.

_랠프 팔레트, 『*위대한 역경*』

042 | 미래의 기적

맞다. 지난 3년간 내가 살아온 나날은 어쩌면 기적인지도 모른다. 힘들어서, 아파서, 너무 짐이 무거워서 어떻게 살까 늘 노심초사했고 고통의 나날이 끝나지 않을 것 같았는데, 결국은 하루하루를 성실하게, 열심히 살며 잘 이겨 냈다. 그리고 이제 그런 내공의 힘으로 더욱 아름다운 기적을 만들어갈 것이다.

_장영희, 『*살아온 기적 살아갈 기적*』

043 | 조건 없는 사랑을 하라

내가 존재한다는 사실 자체만으로도 나는 조건 없는 사랑을 받을 자격이 있었다. 이 사랑을 받기 위해 내가 뭔가를 '할' 필요가 전혀 없다는 것을 깨달았다. 기도도 간청도 그 밖에 어떤 것도 할 필요가 없었다. 나는 내가 나를 한 번도 사랑해 주지 않았고, 내 자신을 가치 있게 여기지 않았으며, 내 영혼이 얼마나 아름다운지 알아봐 주지도 않았음을 깨달았다.

_아니타 무르자니, 『그리고 모든 것이 변했다』

044 | 결점을 인정하고 드러내기

우리 모두는 우리 자신의 인간성으로부터 도망치려 합니다. 얼버무리고 거드름을 피웁니다. 우리는 자신이 얼마나 약하다고 느끼는지 인정하기를 두려워합니다. 자신의 결점들을 감추려 애씁니다. 그렇지만, 우리는 어떻게 해야 인간으로 존재할 수 있는지를 계속 반복해서 배워야 합니다.

_메리 파이퍼, 『나는 심리치료사입니다』

045 | 현실적 삶의 원칙

삶에는 현실 원칙과 쾌락 원칙이 있습니다. 아직 주도적으로 현실의 삶을 살지 않는 아기는 즐거운 일, 만족스러운 일, 쾌락을 주는 일만 좇아도 됩니다. 그러나 초등학생만 되어도 하기 싫은 일, 불편한 일, 고통스러운 일을 해내야 합니다. 그것을 현실 원칙이라고 합니다.

_김형경, 『천 개의 공감』

046 | 경청과 공감

내가 경청에 대해 절실하게 배운 것은 사고가 난 지 얼마 되지 않았을 무렵이었다. 그저 내가 더 잘 들어주기만 해도 사람들은 내게 더 많은 이야기를 하고 싶어한다는 사실을 깨달았다. 사람들이 마음을 열수록 나는 그들에게 깊이 공감했다. _대니얼 고틀립, 『마음에게 말걸기』

047 | 우울을 외면하지 않기

한 해 동안 나를 돌아보며 마음을 치료한 경험은 귀중하지만 사람 마음이 참 간사해서 시간이 지날수록 나를 속이게 된다. 일련의 시간들을 망각하고 내 마음을 져버리며 살다 보면, 분명 다시 아프게 될 걸 알아서 나는 내 우울을 잊지도 외면하지도 않기로 했다. _김늦가을, 『디어 마이 블랙독』

048 | 되풀이에서 발견되는 위대함

반복하는 생활에서 어떤 위대한 것을 발견해야 할 것이다. 날마다 되풀이되는 생활이라고 해서 조금이라도 소홀히 해서는 안 된다. 어제보다는 오늘이 더 새로워야 하고, 또 오늘보다 내일은 한 걸음 앞서야 되는 것이다. 여기에 훌륭한 삶의 보람이 있고 인간 성장이 있는 것이다. _법정, 『마음에 따르지 말고 마음의 주인이 되어라』

049 | 포기하는 마음

명상하는 시간만이라도 모든 짐을 내려놓고 포기하는 마음을 가져야 합니다. 뒤돌아보지 말고 과감하게 모든 것을 내려놓으십시오. 미래의 계획을 포함한 모든 근심거리와 생각을 과감하게 내려놓아야 합니다. 조건이 지어진 것은 무상합니다. 그것은 우리의 바람대로 되지 않을 것이고 자체의 진로를 따라갈 것입니다.

_각산, 『멈춤의 여행』

050 | 매 순간 찾아내는 보물

요즘은 매일이란 바다의 보물섬에서 보물을 찾는 마음으로 매일을 살고 있어 어느 때보다도 행복합니다. 마음의 눈을 크게 뜨고 보니 주변에 보물 아닌 것이 없는 듯합니다. 나 자신의 어리석음으로 이미 놓쳐 버린 보물도 많지만 다시 찾은 보물도 많습니다.

_이해인, 『꽃이 지고 나면 잎이 보이듯이』

051 | 걸으면 보이는 것들

길을 걷는 사람은 잠정적으로 쓰고 있던 가면을 벗어던진다. 오솔길을 걷는 그에게 다른 인물의 모습을 기대하는 사람은 아무도 없기 때문이다. 그래서 길을 걷는 사람은 앞으로 다가올 순간과 스스로 성격을 결정지어야 하는 순간 외에는 어떤 것에도 얽매이지 않는 익명의 존재가 된다. 결코 짧지 않은 시간 동안, 길을 걷는 사람은 자신의 존재를 바꾸고 타인들과 세상과의 관계를 바꾼다.

_다비드 르 브르통, 『느리게 걷는 즐거움』

052 | 어울림의 미학

세상에 독불장군은 없습니다. 인생을 함께 나눌 수 있는 영혼의 동반자를 찾으십시오. 내 삶을 힘껏 껴안듯이 다른 이들의 삶도 껴안을 줄 알게 되면 예전과는 다른 방법으로 세상을 보게 됩니다. 저는 이웃들과 더불어 그런 사람들로 북적이는 세상을 만들고 싶습니다.

_황창연, 『삶 껴안기』

053 | 변화무쌍한 마음

중요한 것은 인간의 마음은 변화무쌍하다는 사실입니다. 좋은 사람은 보고 싶고, 싫은 사람은 보기 싫은 게 인지상정(人之常情)입니다. 그런데 여기서 좋다는 생각, 싫다는 생각을 하는 주체는 '나'라는 것을 간과해서는 안 됩니다. '나'라는 존재는 불완전하기 짝이 없습니다. 그런데도 우리는 끊임없이 나를 중심으로 생각하고, 말하고, 행동합니다.

_보각, 『눈물만 보태어도 세상은 아름다워집니다』

054 | 질 수 있는 능력을 길러라

질 수 있는 능력, 다시 말해 남이 옳고 내가 틀렸다고 인정할 수 있는 힘, 이것은 정신적으로 어른이 되지 않은 사람에게는 불가능한 능력입니다. 나이가 들거나 계급이 올라가면, 혹은 세상에 이름이 조금 알려지게 되면 자기도 모르게 교만한 마음이 자랍니다.

_최성현, 『힘들 때 펴보라던 편지』

055 | 미움받을 용기

남의 이목에 신경 쓰느라 현재 자신의 행복을 놓치는 실수를 범해서는 안 된다. 내가 아무리 잘 보이려고 애써도 나를 미워하고 싫어하는 사람은 반드시 있게 마련이니 미움받는 것을 두려워해서는 안 된다. 그 누구도 거울 속의 내 얼굴을 나만큼 오래 들여다보지 않기 때문이다.

_고가 후미타케·기시미 이치로, 『미움받을 용기』

056 | 나를 사랑하는 법

하지만 직장인이 된 후에 경험하는 진짜 바보짓은, 나를 사랑하는 법을 잊는 것이다. 사회 돌아가는 것을 모르는 만큼이나, 내가 어떤 상태인지도 모르고 살아간다는 것. 자신을 돌아보지 않는 존재는 병들어 죽는다.

_송창현(스테르담), 『오늘도 출근을 해냅니다』

057 | 상심이라는 상처

상심은 눈에 보이지 않는 괴로움이다. 다리를 절뚝이게 되지도 않고, 분명한 흉터도 없다. 좋은 주차장 자리나 자유로운 출입을 보장하는 스티커도 발부되지 않는다. 그래도 심장은 마찬가지로 부서진다. 영혼은 곪는다. 이 상처는 치료하지 않으면 치명적일 수도 있다.

_토마스 린치, 『*죽음을 묻는 자, 삶을 묻다*』

PART 2

버림을 통해 채움을 얻는 방법

#정리 #미니멀리즘 #혼자의삶 #메모 #덜어내기

이 세상에 태어나 얻는 모든 것들은 언젠가는 모두 잃을 것들이다. 그것이 돈이나 집, 자동차와 같은 물건이든 지위나 권력, 명예와 같은 것이든 결국엔 모두 나에게서 떨어져 나갈 것들이다. 그런데 이런 것들을 얻고 소유하면서 집착이 생기고 나와 동일시하게 된다.

인생에서 이런 덧셈만 일어날 수는 없다. 단 한 번이든 여러 번이든 뺄셈은 일어난다. 이때, 마치 나의 일부를 잃은 것처럼 상실감을 느끼게 된다. 하지만 어떤 뺄셈이 일어나도 원래의 나는 변함이 없다. 오히려 이런 뺄셈의 끝에서 진정한 나를 만나면 어디서 만족을 얻을 수 있는지 알 수 있다. 그것은 외부의 것이 아닌 바로 나 자신이다.

058 | 추억이 뭐라고

우리는 공간을 채우느라 공간을 잃는다. 거실을 인테리어 잡지에서 본 대로 꾸미느라 에너지를 잃고, 물건을 정리하고 치우고 찾느라 시간을 잃는다. 추억 때문에 버릴 수 없다고? 추억이 우리를 정말 행복하게 해줄까? 지금보다 더 많이? _도미니크 로로, 『심플하게 산다』

059 | 정리의 효과를 느껴라

사실 정리를 해도 이전의 지저분한 상태로 돌아가는 데 가장 큰 문제는 방과 물건이 아니라, 정리하는 사람의 사고방식이다. 정리해야겠다는 생각이 들어도 그것이 지속되지 않고, 의욕이 사그라지는 것이다. 하지만 이는 정리 결과가 확연히 눈에 보이지 않고, 효과를 실감하지 못한 것에 그 원인이 있다.

_곤도 마리에, 『인생이 빛나는 정리의 마법』

060 | 욕망을 실천하는 삶

이름이 널리 알려진다고 '성공한' 사람은 아니며, 자기 자신에게 떳떳한 인생의 목표, 그리고 이를 이루겠다는 욕심, 즉 아름다운 욕망이 있는 사람은 그 자체만으로도 이미 인생 목표의 절반을 이룬 것이라는 생각이 들었다. 스스로 가치롭게 여기는 일을 할 수 있는 삶이 바로 아름다운 욕망을 실천하며 사는 삶이다.

_조주희, 『*아름답게 욕망하라*』

061 | 모든 걸 비워라

명심하라, 많은 사람들이 간 길이라고 해도 그 길은 결코 최고의 길이 아니다. 수많은 사람들의 등만 보고 따라 걷다가는 이정표가 사라진 막다른 길을 덜컥 만나게 될 수도 있다. 서머싯 몸의 조언처럼 모든 걸 기꺼이 마다하라. 모든 걸 비워둬라.

_사라 밴 브레스낙, 『*혼자 사는 즐거움*』

062 | 100% 자기 책임

정리는 물건을 움직이고 수납해서 방을 깨끗이 하는 것이고, 청소는 더러움을 닦아내고 쓸어내어 방을 깨끗이 하는 것이다. 물건이 늘고 어질러지는 것은 100퍼센트 자신 책임이다. 자신이 물건을 구입하지 않고 물려받지 않는다면 물건은 저절로 증가하지 않는다.

_곤도 마리에, 『*버리면서 채우는 정리의 기적*』

063 | 약점보다 강점을 활용하라

갑옷의 모든 틈새를 고치려고 하는 대신 강점을 강화하는 게 훨씬 더 수지맞고 재미있다. 강점을 활용해 성과를 몇 배로 올릴 것이냐, 아니면 아무리 노력해 봐야 그저 그런 수준의 약점을 고쳐 나갈 것이냐 사이의 선택이다. 약점을 고치려 부단히 노력하느니, 당신이 가진 최고의 무기를 더 잘 활용하는 쪽에 초점을 맞추라.

_티모시 페리스, 『4시간』

064 | 컨트롤할 수 있는 범위

물건을 어느 정도 남기는 게 적당한지는 생활 방식이나 직업에 따라 다르고 딱 잘라 한마디로 표현하기 어렵지만, 중요한 것은 '자신이 컨트롤할 수 있는 범위'의 분량이 적당합니다. 컨트롤할 수 있는 분량이란, 지니고 있는 물건의 소재를 전부 파악할 수 있고, 철저히 활용할 수 있는 정도입니다.

_야마시타 히데코, 『버림의 행복론』

065 | '반려식물' 맞이하기

식물을 들이게 된 계기가 무엇이었나요? 집 안에 생기를 주고 싶어서, 혹은 단지 예뻐서 인테리어용으로 구입했거나 선물을 받았거나, 다양한 이유가 있겠죠. 이왕 식물을 집에 들였다면 '반려식물'로 맞아 주세요. 서로에게 짝이 되어 준다면 식물에 대한 인식도 달라질 거예요.

_송한나, 『선인장도 말려 죽이는 그대에게』

066 | 달리면서 생각하라

꿈의 직업을 얻은 사람들이 처음부터 완벽한 마스터플랜을 가지고 출발한 것은 아니다. 많은 사람들이 어느 정도의 구체적인 목표를 세운 다음에 "달리면서 생각하니 문제가 단순화되고 해결책들이 길처럼 열렸다."고 말한다. _양병무, 『좋아하는 일 하면서 먹고 살기』

067 | 사람을 위한 공간

정리를 제대로 하면 공간을 살릴 수 있다. 공간을 살린다는 것은 물건을 위한 공간이 아닌 사람을 위한 공간이 된다는 것을 의미한다. 정리는 물건이 아니라 사람을 중심으로 생각해야 한다.

_정희숙, 『최고의 인테리어는 정리입니다』

068 | 물건 과잉 상황

현재의 물건 과잉 상황은 이처럼 식량에 둘러싸여 한정 없이 먹고 싶어지는 상태와 같다고 할 수 있지 않을까. 아무리 영양가가 높아도, 아무리 맛있어도, 인간의 신체가 필요 혹은 받아들일 수 있는 양을 넘어서면 안 되는 것처럼, 아무리 좋은 것과 편리한 것, 고급스러운 것이 많아도 자신의 주변에 너무 많아지면 안 된다.

_다쓰미나기사, 『버리는! 기술』

069 | 변명을 버려라

내가 해온 수많은 잡동사니 상담을 돌이켜볼 때, 지금까지 잡동사니 자체는 단지 문제의 겉모습일 뿐이었다. 왜 잡동사니를 모으는지 그 이유를 추적해 보면 더 깊은 심리적인 문제들이 드러나게 된다. '너무 바빠서, 게을러서, 스트레스가 많아서……' 등의 말들은 그저 변명일 뿐이다. _캐런 킹스턴, 『*아무것도 못 버리는 사람*』

070 | 나의 '비전'을 찾아라

지저분한 환경에서 일하는 사람은 자신을 제대로 이해하지 못한다. 사소한 서류나 중요한 스케줄만 망각하는 게 아니다. 오늘 내가 무엇에 '집중'해야 하는지, 내가 어떠한 '강점'을 갖고 있는지, 나의 '비전'이 무엇인지 모른다.

_마스다 미츠히로, 『*부자가 되려면 책상을 치워라*』

071 | 건강한 사랑의 증거

우리가 상대방의 자율성을 지지해주려면 어떻게 해야 하는가? 무엇보다 사사건건 간섭하지 말아야 한다. 자신이 하는 일에 일일이 지적당하고 간섭당하면서 행복할 사람은 없다. 특히 연인들 사이에서 독립과 자율성이 유지된다는 것은 두 사람의 사랑이 건강하다는 증거다. 건강한 사랑은 상대방에게 죄책감을 느끼지 않고 자신이 원하는 것을 결정하고, 또 상대방은 그런 결정을 존중해주는 것이다.

_양창순, 『나는 외롭다고 아무나 만나지 않는다』

072 | 감정과 정확히 마주하라

이런 '다른' 것들을 구분해내지 못하면 쉬어야 할 때 화부터 내고, 불안하지 않아도 될 일에 불안을 느껴 힘들어지며, 자료를 찾고 생각을 해야 할 때 상대의 지식을 깔아뭉개려 든다. 내가 경험하는 갑작스러운 감정이 있다면 그게 뭔지를 정확히 파악해야 한다.

_이다혜, 『출근길의 주문』

073 | 경계를 지켜라

당신은 어떤가? 고갈되고 있지는 않은가? 번아웃은 제대로 경계를 지키지 못하고 있다는 분명한 신호이다. 아니, 어쩌면 경계 자체가 없는지도 모른다. 남을 우선순위로 두고 자신은 꼴찌로 챙기는 중일 수도 있다. 다음에 또다시 당신의 행복을 포기하고 "아니, 먼저 하세요. 제가 양보할게요."라고 말하게 될 때는 잠시 멈춰라.

_샘 혼, 『오늘부터 딱 1년, 이기적으로 살기로 했다』

074 | 잡동사니 정리하기

지금 당장 치우지 않아도 좋으니 정말로 의욕이 생길 때 정리한다. 억지로 하는 건 효과가 없다. 먼저 물건을 한 곳에 늘어놓은 다음 비슷한 용도끼리 분류한다. 이때 중요한 것은 손으로 짚어가면서 뭐가 있는지 머릿속으로 정리하는 것이다.

_카와카미 유키, *『좁은 집 넓게 쓰는 정리의 기술』*

075 | 불안 내려놓기

여러분이 자꾸 '인생의 목표, 목표'하기 때문에 인생이 괴로운 겁니다. 인생에 의미를 너무 많이 부여하기 때문에 인생이 불안하고 초조하고 괴로운 것입니다. 오늘 아침 한 끼 배부르게 먹었는데 무슨 인생에 불안한 일이 있습니까? 오늘 저녁에 떨지 않고 잘 곳이 있는데 뭐 그리 인생에 불안한 일이 있나요?

_법륜, *『행복한 출근길』*

076 | 정리정돈이 주는 아름다움

수납이란 무조건 꽉꽉 숨기고 가리기만 하는 것이라고 생각하는 분들이 많습니다. 하지만 나만의 아이디어로 집 안 가구나 벽지 분위기에 맞춰 수납용품을 배치한다면, 정리 정돈과 데커레이션 효과를 동시에 얻을 수 있습니다.

_조윤경, *『똑똑한 수납』*

077 | 정원을 바라보는 시간

현관은 집 안이기도 하고 밖이기도 한 편리한 공간입니다. 정원을 바라보며 차를 마시기도 하고, 그림을 그리기도 하고, 꺾어 온 꽃을 정리하기에도 아주 좋은 곳입니다. 여기 앉아서 식물의 잎이 바람에 흔들리는 것을 바라보며 작은 새의 지저귐, 비둘기 울음소리, 벌의 날갯소리에 귀를 기울이고 있으면, 이 세상은 정말 멋진 것들로 가득하구나, 하는 생각이 듭니다.

_타샤 튜더, 『*즐거운 나의 집*』

078 | 수납의 첫걸음

아이템별, 계절별로 한 켤레씩만 있어도 신발이 제법 되지요. 여기에 같은 구두라도 컬러와 디자인별로 갖추다 보면 그 수가 금세 늘어나지요. 그러니 가족의 신발을 모두 모으면 그 양이 만만치 않답니다. 하지만 신발이 아무리 많아도 그걸 다 신지는 않는다는 사실. 수납의 첫걸음은 비움이라는 것을 다시 한 번 기억하세요.

_심현주, 『*까사마미식 수납법*』

079 | 정리의 힘

정리가 되지 않아 스트레스를 받고 불편한 마음에 현재 생활이 만족스럽지 않은 분도, 정리를 잘할 수 있게 되면 '시간'과 '마음의 여유'를 얻을 수 있습니다. 또한 삶의 질 전반이 높아져 만족스럽고 충실한 하루하루를 보낼 수 있게 됩니다.

_스즈키 나오코, 『더 기분 좋은 생활』

080 | 물건을 소유하는 이유

물건을 소유하는 이유는 무엇일까? 분명 사용하기 위해서다. '물건을 아낀다'는 말이 사용하지 않고 보관만 한다는 뜻은 아닐 것이다. 평소에 얼마나 자주, 잘 쓰느냐에 따라 물건의 가치가 달라진다.

_혼다 사오리, 『물건은 좋아하지만 홀가분하게 살고 싶다』

081 | 이상적인 생활을 떠올려라

정리를 결심한 스스로에게 부과할 첫 번째 과제는 어떤 집에서 어떻게 살고 싶은가 하는 '이상적인 생활'을 떠올리는 것이다. 직접 그림을 그리거나 글로 써봐도 좋고, 인테리어 잡지에서 마음에 드는 방의 사진을 오려도 좋다.

_곤도 마리에, 『설레지 않으면 버려라』

082 | 자기자신을 내려놓는 시간

오늘은 조금이나마 자기를 놓아 보내기로 하자. 생각이 자신에게로 되돌아 올 때마다 외부의 일에 관심을 기울여보자. 해야 할 일과 다른 사람들이 필요로 하는 것들, 세상에 대한 감사 및 외부 세계에서 일어나는 긍정적인 일들을 생각하자.

_드류 레더, 『나를 사랑하는 기술』

083 | 체계적인 정리

일정표나 수집품, 옷장부터 머릿속에 떠도는 생각들까지, 복잡하고 혼란스럽고 무질서한 것들을 단순화시키는 법에 대해 누가 물을 때 나는 기쁘다. 체계적인 정리가 이루어지면 우리는 더 건강하게, 더 행복하게, 더 생산적으로 살 수 있다.

_제랄린 토머스, 『잡동사니 정리의 기술』

084 | 가짜장미 버리기

장미꽃만 피는 세상은 끔찍하다. 가짜 장미로 가득한 세상은 더 끔찍하다. 아무리 장미 흉내를 내고 장미 향수를 뿌려도 가짜는 가짜다. 남을 속이고, 나도 속아 넘어갈 수 있지만 가짜는 결국 가짜다. 가짜로 사는 삶은 허무하다. 자기 삶이 아닌데, 자기 안에 가짜 장미만 있는데 어찌 허무하지 않을까.

_김영권, 『삶에게 묻지 말고 삶의 물음에 답하라』

085 | 무작정 집어넣지 말아라

예전에는 물건이 있었는지도 잊어버릴만큼 '무작정 집어넣는 수납'을 했어요. 이제는 청소하기 쉽게 수납 스타일을 바꾸고 물건이 쌓이지 않도록 노력하고 있어요. 덕분에 매일매일 상쾌한 기분으로 살고 있습니다. _주부의 벗, 『미니멀라이프 수납법』

086 | 소유로부터의 해방

물건이 차고 넘치는 세상입니다. 그런데 그 물건을 소유함으로써 행복해졌나요? 그것들에 둘러싸여 소중한 것을 놓치고 있지는 않나요? 물건이 부족하고 그래서 소중했던 시절과 달리, 지금은 물건이 너무 풍족하고 그래서 소중함 따위는 잊고 살아갑니다.

_박미현, 『날마다 미니멀 라이프』

087 | 지금 버리지 않으면

가지고 있던 물건을 처분하거나 버린다는 것에 죄책감을 느낄지 모른다. 하지만 버리지 않고 두면 자신이 죽은 후 누군가가 정리해야 한다. 남은 가족을 힘들게 하는 것보다 지금 자신의 의지로 정리하는 편이 좋다. _오후미, 『미니멀리스트의 집 꾸미기』

088 | 전날부터 시작하는 청소

청소는 전날부터 시작했다. 잠자기 전 침대 위에서 〈내일은 꼭 청소하고 만다!〉라고 힘을 넣지 않으면 허리가 무거워 움직이지 않는다. 뭐, 그렇다 해도 〈비가 오니까 관두자〉하며 날씨 탓으로 돌리는 경우도 있다. 그렇지만 한번 시작하면 철저하게 한다.

_SE 편집부, 『우리의 미니멀 생활 일기』

089 | 완벽함을 버리면 스트레스가 줄어든다

바야흐로 집에서 온종일 살림만 하고 사는 주부는 찾아보기 어려운 세상이 되었습니다. 한편으로 전업주부 또한 육아와 교육에 신경 쓰다 보면 완벽하고 꼼꼼하게 살림을 하기가 쉽지 않은데, 반드시 완벽해지려고 애써야 할 필요도 없지 않을까요?

_조윤경, 『3배속 살림법』

090 | 너무 애쓰며 살지는 말자

버리고 비우기의 최고 경지는 '욕심과 집착을 내려놓는 것'이라고 한다. 우리가 비워야 할 것은 물건만이 아닌 것 같다. 미래에 대한 걱정, 욕심, 집착. 이것들을 모두 버리고 소중한 것만 지니고 살아가고 싶다.

_야마구치 세이코, 『버리고 비웠더니 행복이 찾아왔다』

091 | 퍼즐 조각을 파악하라

옷장은 퍼즐과 같다. 상의와 하의, 구두, 아우터를 조합해 한 시즌에 입을 옷을 구비해 두는 곳이다. 쇼핑이란 이 퍼즐의 모자란 조각을 찾으러 가는 작업이다. 가지고 있는 조각이 무엇인지 확인하고 부족한 것을 채우지 않는 이상 퍼즐은 영원히 완성될 수 없다.

_지비키이쿠코, 『옷을 사려면 우선 버려라』

092 | 고독하게 사유할 시간

우리는 고독해야 사유할 수 있다. 혼자만의 고독한 시간과 공간이 있어야 비로소 고요히 생각할 마음이 주어진다. 사유를 통해 반성하고 성찰해야 진짜 나를 발견할 수 있다. 그래야 자발적으로 내 몸을 일으키고 나의 주체성을 되찾고 내가 해야 할 일이 무엇인지 계획할 수 있게 된다.

_문성림, 『컨셔스』

093 | 제자리를 만들어라

방 정리하는 시간을 줄이기 위해 수납에 신경을 쓰고 있습니다. 무엇이 어디에 있는지, 제자리가 확실하게 정해져 있으면 정리하기도 쉽습니다. 물건을 살 때는 어디다 놓을지를 먼저 생각합니다.

_주부의 벗, 『미니멀라이프 시간과 돈 사용법』

094 | 생활을 돌보는 인테리어

집을 가꾼다는 것은 우리의 생활을 돌본다는 이야기와 닮았습니다. 방치하지 않는다는 의미죠. 어느 구석, 어느 모퉁이 하나도 대충 두지 않고 정성을 들여 돌보는 것. 그것은 무엇보다 중요한 삶을 대하는 방식이자 행복에 관한 이야기입니다.

_최고요, 『좋아하는 곳에 살고 있나요?』

095 | 나에게 맞는 미니멀 라이프

여전히 제 안의 허영과 물욕, 게으름을 버리지 못해 갈팡질팡하는 날이 많답니다. 비록 내 그릇이 작다는 걸 깨달았지만 실망하거나 무리해서 바꾸고 싶지는 않습니다. 제 모순된 감정까지 끌어안고 나에게 맞는 미니멀 라이프를 천천히 탐색해나가길 소망합니다.

_밀리카, 『마음을 다해 대충 하는 미니멀 라이프』

096 | 집안일의 우선순위

우선순위가 낮은 집안일은 어떻게 해야 할까요. 단순하게 생각해보면 그냥 그 일을 하지 않으면 됩니다. 저는 서툰 일이나 가치가 떨어지는 일에서 손을 뗐습니다. 물론 잘하는 일이나 조금 번거로워도 가치를 생산하는 일은 포기하지 않았죠.

_아키, 『나에게 맞는 미니멀 라이프』

097 | 하루에 하나씩 정리하기

정리란 내가 좀 더 행복해지기 위한 기술이지요. 여러분도 지금보다 좀 더 행복해지고 싶다면 매일 1가지씩 정리를 해 보세요. 하루 15분이란 시간은 결코 부담스럽지 않은 시간이며 어느새 정리를 즐기고 있는 나 자신을 발견하게 될 거예요. _심지은, 『1일 1정리』

098 | 지금 바로 필요한 곳

아깝기 때문에 언젠가 쓸 일이 있으리라 생각하고 보관하는 것이 아니라 지금, 바로 이때 필요한 곳에 물건을 보내는 발상도 필요하다. '아깝다'라는 것을 큰 시점으로 받아들이고 물건 순환의 원동력으로 삼는다면 이 또한 단사리의 훌륭한 방법이 될 수 있다. _야마시타 히데코, 『다시 버리기로 마음먹었다』

099 | 냉장고로 정리 훈련하기

냉장고 안의 식품만큼 정리 훈련에 적합한 것은 없습니다. 왜냐하면 냉장고 안의 식품에는 '유통기한'이 있어 판단하기 쉽기 때문입니다. 냉장고 속에 있는 것은 '유통기한이 지난 것'과 '지나지 않은 것' 2가지뿐입니다. _고마츠 야스시, 『1일 1분 정리법』

100 | 아침 시간은 활력의 근원

아침에는 조금 일찍 일어나 빨래나 청소를 마치고, 밥을 먹고 커피 타임을 갖습니다. … '아침 활동'을 하고부터는 일어나서 바로 집안일을 시작하기 때문에 자연스럽게 배가 고파집니다. 아침을 조금 일찍 시작하면서 시간적으로나 심리적으로도 여유가 생겨서 하루를 보다 의미 있게 보낼 수 있게 되었습니다.

_Shoko, 『정성스럽게 혼자 삽니다』

101 | '야망 잡동사니'를 버려라

그 물건(뜨개질 바늘)을 계속 가지고 있으면 이상적인 나(뜨개질을 하는 사람)로 변할지도 모른다고 생각했던 겁니다. '이것을 사면 되고 싶은 자신이 될 거라고 생각해 산 물건', 그것을 저는 [야망 잡동사니]라고 부릅니다.

_후데코, 『일주일 안에 80퍼센트 버리는 기술』

102 | 진짜 인생에 집중하기

물건에 의해서 진짜 내 인생이 가려져 있다면 집중할 수 없다. 인생에 집중하려면 주변이 깔끔해야 한다. 물건이 많다면 그 물건이 내 뿜는 에너지 때문에 인생에 집중하기보다 물건에 집중하게 된다.

_최미영, 『비우니 좋다』

103 | 입을 옷이 없다는 말

'입을 옷이 없다'라고 느끼는 건 옷을 적게 가지고 있어서가 아니라 나의 삶에 필요한 옷이 적고, 내가 표현하고 싶은 내 모습을 드러내줄 옷이 적어서예요. 결국 잘 갖춰진 옷장이란 '나의 삶과 취향을 반영하는 옷장'인 것이지요. _이문연, 『주말엔 옷장 정리』

104 | 버티지 않고 살아내는 삶

주변과 비교해서 일부러 불안해할 필요는 없다. 내가 선택한 길이기에 힘들다고 가볍게 투정할 수는 없지만, 마찬가지로 내가 원해서 하는 것이니 일의 강도가 높을 때도 스트레스는 낮다. 그거면 됐지. 당장 내일이 어떻게 될지는 모르지만 내가 오늘을 '버티지' 않고 '살아낼' 수 있으니 그거면 좋은 일이다.

_박은지, 『제가 알아서 할게요』

105 | 내면이 반짝이지 않으면

예쁜 옷과 머리 꾸밈은 내면의 근본적인 결핍을 채우기에는 역부족이지만 잠시 잠깐 반짝 빛나기에 안성맞춤인 수단이다. 내면에 반짝이는 것이 없는 이들은 외부의 반짝이는 것을 찾기 마련이다. _조이스 박, 『빨간 모자가 하고 싶은 말』

106 | 인생에 대한 기백

할머니들과 나의 결정적인 차이는 '인생, 그리고 살아간다는 것'에 대한 기백이었다. '어디에 있건, 무슨 일이 있건, 즐긴다는 생각을 놓지 않는다. 착실히 길을 찾아낸다. 그리고 끝끝내 살아간다.' 이런 각오와 기백. 게다가 할머니들은 '아무리 애를 써도 안 되고, 그리 흘러갈 수밖에 없는 일도 있다'며 모든 것을 받아들일 수 있는 여유까지 겸비하고 있다.

_나카무라 유, 『할머니의 행복 레시피』

107 | 자연과 행복

젊은 세대가 아무리 봄으로 대변되는 세대라 하더라도 탄생과 성장, 죽음의 법칙에서 벗어날 수는 없지. 우리가 할 수 있는 일은 이런 자연의 질서를 겸허히 수용하면서 그 속에서 자기 자신의 발전을 위해 한껏 도모하는 일들일 거야. 그것이야말로 흔히들 행복이라고 부르는 만족을 얻을 수 있는 유일한 지혜란다.

_펄 벅, 『딸아, 너는 인생을 이렇게 살아라』

108 | 진짜 '능력'을 가진 삶

내가 생각하는 진짜 '능력'은 자기 삶을 스스로 끝까지 책임질 수 있겠다는 깨달음이 생기는 순간 비로소 얻게 되는 것이다. 돈보다 소중한 것이 영혼의 평안이라는 사실을 깨닫는 순간 마음속에 담게 되는 힘이다. 내가 번 돈의 소중함과 내가 벌지 않은 돈의 허무함을 알게 되는 순간 생겨나는 것이다. _곽정은, 『혼자의 발견』

109 | 문제에 문제를 던져라

주어진 한계를 받아들이는 대신, 해답을 구하려는 문제 자체가 과연 옳은 것인지를 파악하는 일부터 시작해보자. 예컨대 진정으로 원하는 것이 더 빨리 달리는 차인지 더 나은 교통수단인지를 생각해보라. TV에서 교양프로와 오락프로 중 어떤 것을 원하는지, 근사하고 세련된 호텔 로비와 포근한 잠자리 중 어떤 것을 원하는지 스스로에게 물어라. _팀 브라운, 『디자인에 집중하라』

110 | 나이를 먹는다는 것

과거의 사진들을 보고 난 뒤에야 비로소 인정할 수 있었다. 우리는 그때와 똑같지 않고 많이 달라졌다는 사실을. 내가 말했다. "우리 이제 어디 가서 '하나도 안 변했어'라고 하지 말자. 이거 정말 주책이다." 친구들은 순순히 동의했다. 우린 변했고 전보다 나이를 먹었다. _김은잔, 『나답게 살고 있냐고 마흔이 물었다』

111 | 단순해져라

서른이 된 당신은 점점 더 단순해져야 한다. 사고와 행동이 단순해지면 덜 힘들면서 더 생산적이 될 수 있고, 마음이 편안해진다. 어떤 상황에서든 힘들이지 않고 적절한 판단을 할 수 있으며, 무엇보다 그 판단을 한 스스로를 지지해줄 수 있기 때문이다.

_남인숙, 『서른을 배우다』

112 | 관대함과 뻔뻔함을 가져라

"내가 왜 이럴까?", "나는 정말 바보인가 봐"라고 자신을 야단치고 나무라고 한심해하지 말고 "뭐 어때, 난 이런 일이 처음이고 오늘은 처음 살아보는 날인데"라고 말하며 툴툴 털어버려라. 때론 자신에게 관대해지는 뻔뻔함도 필요하다. 네가 널 변호하고 다독거리지 않으면 누가 널 이해하고 보호해주겠니.

_유인경, 『내일도 출근하는 딸에게』

113 | 나를 중심으로 사는 인생

사람 바쁘게 몰아대는 한국에서 일에 너무 지치다 보면 잠시 쉬면서 재충전하고 싶어질 수도 있겠고, 경력을 한참 쌓고 중년이 넘어서 드디어 진짜로 하고 싶은 다른 일을 찾게 될 수도 있지요.

이런 갈림길에서, 소확행을 하든 새 분야에서 대박을 치든 간에 그 길이 내가 행복해지는 길이 맞다 싶으면 과감히 뛰어들어 보는 선택. 이런 선택도 나를 중심으로 사는 주연 인생일 때 더 쉽지요.

_홍경희, 『*합리적 비혼주의자로 잘 살게요*』

PART 3

지친 마음을 보듬어주는 책 속의 한 줄들

#산문 #마음을울리는 #위로의문장 #공감

어딘가 마음이 허전할 때, 가장 외롭다고 느낄 때, 가장 쉽게 위로받을 수 있는 곳은 어디일까. 손 내밀면 닿는 곳에 꽂혀 있는 책 한 권은 언제든 당신에게 곁을 내어줄 것이다. 좋은 책은 어렵고 힘들 때도 등을 돌리지 않는다.
요즘 '위로' 또는 '공감'을 주제로 한 책들이 많은 사랑을 받는 이유는, 너무나 많은 사람이 불행과 싸우고 있으며, 자신을 보듬어 줄 누군가의 위로를 절실히 찾고 있다는 것이다. 책과 친구가 되고, 그 책의 작가와 마음을 나누는 사이가 되어 교감을 하고 마음을 나누어보자. 그리고 책에서 얻은 따스함을 다른 사람들에게도 나누어 준다면 책의 가치는 더욱 깊어질 것이다.
어렵지 않게 위로를 받고 싶을 때, 책 속의 문장들이 당신을 따스하게 안아줄 것이다.

114 | 글은 머리와 가슴에 새겨지는 것

글은 여백 위에만 남겨지는 게 아니다. 머리와 가슴에도 새겨진다. 마음 깊숙이 꽂힌 글귀는 지지 않는 꽃이다. 우린 그 꽃을 바라보며 위안을 얻는다. 때론 단출한 문장 한 줄이 상처를 보듬고 삶의 허기를 달래기도 한다.

_이기주, 『언어의 온도』

115 | '착함'은 지속 가능하지 않다

인간관계를 지속하는 요건으로 '착함'을 드는 사람에게 그건 지속 가능하지도 않고 건강할 수도 없다고, 예전 내 모습이었던 착한 사람들에게 말해주고 싶다. 어느 한쪽이 착해야만 유지되는 관계라면, 그 관계는 사실 없어도 상관없는 '시시한' 것 아닐까? 건강한 인간관계는 시소를 타듯 서로를 배려하며 영향을 주고받을 때 맺어진다.

_정문정, 『무례한 사람에게 웃으며 대처하는 법』

116 | 어떤 말은 마음속에 살아 남는다

나는 타인에게 별생각 없이 건넨 말이 내가 그들에게 남긴 유언이 될 수 있다고 믿는다. 그래서 같은 말이라도 조금 따뜻하고 예쁘게 하려 노력하는 편이다. 말은 사람의 입에서 태어났다가 사람의 귀에서 죽는다. 하지만 어떤 말들은 죽지 않고 사람의 마음속으로 들어가 살아남는다.

_박준, 『운다고 달라지는 일은 아무것도 없겠지만』

117 | 자신의 몫을 위해 당당하게 맞서라

냉담한 세상에서 인간성을 잃지 않고 살아가기 위하여 우리는 자기 자신에게 조금 더 주의를 기울여야 하고 부당함과 모욕과 불안에 당당하게 맞서야 한다. 그리고 나와 타인을 위해, 더 나은 사회를 위해 자신의 몫을 해야 한다. 보통의 존재가 내가 아닌 것을 시기하지 않으며 차가운 시선을 견디고 있는 그대로의 나로서 살아가기 위하여.

_김수현, 『나는 나로 살기로 했다』

118 | 주위 사람의 도움을 기다리지 말아라

내가 만약 그림을 안 그렸다면 아마 닭을 키웠을 거예요. 지금도 닭은 키울 수 있습니다. 나는 절대로 흔들의자에 가만히 앉아 누군가 날 도와주겠거니 기다리고 있진 못해요. 주위 사람들에게도 여러 번 말했지만, 남에게 도움을 받느니 차라리 도시 한 귀퉁이에 방을 하나 구해서 팬케이크라도 구워 팔겠어요. 오직 팬케이크와 시럽뿐이겠지만요.

_애나 메리 로버트슨 모지스, 『인생에서 너무 늦은 때란 없습니다』

119 | 나와 연결된 고리

세상은 고리처럼 서로서로 연결되어 있어 그중 하나가 아프면 다 같이 아픕니다. 나와 연결된 고리들이 좀 더 편안해지시길. 좀 더 서로를 아껴주시길.

_혜민, 『혜민 스님의 따뜻한 응원』

120 | 언제나 가치 있는 사람

가장 멋진 사람은 꿈을 이룬 사람이 아니라, 꿈을 이루지 못하더라도 자신을 미워하지 않는 사람이다. 꿈 같은 거 이루지 못한다고 해서 가치 없는 사람이 되어버리는 건 아니니까.

_김신회, 『보노보노처럼 살다니 다행이야』

121 | 사랑과 갚아야 할 빚

이런저런 헛소문의 주인공이 되면서 나는 느끼는 게 많았다. 내가 죽었을 때 사람들이 어떤 반응을 보일지도 부분적으로나마 엿볼 수 있었다. 정말로 위독한 순간의 나를, 이 세상에서의 마지막 순간을 좀 더 자주 그려보게 되었다. 모든 것이 다 예측 불허이긴 하지만 내가 할 수 있는 준비를 미리 해두어야지 하고 다짐하는 계기도 되었다. 사랑을 많이 받는 만큼 갚아야 할 빚 또한 그만큼 많다는 깨달음과 함께!

_이해인, 『기다리는 행복』

122 | 희망은 절망 속에서 피는 꽃

'예쁘지는 않지만 사랑스러운' 앤의 그 말을 주머니 속에 넣고 다니고 싶다. 기다리고 고대하는 일들은 좀처럼 일어나지 않는 게 실제 우리의 하루다. 하지만 그럴 때 앤의 말을 꺼내 보면 알게 되는 게 있다. 희망이란 말은 희망 속에 있지 않다는 걸. 희망은 절망 속에서 피는 꽃이라는 걸. 그 꽃에 이름이 있다면, 그 이름은 아마 '그럼에도 불구하고'일 거라고. _백영옥, 『빨강머리 앤이 하는 말』

123 | 작지만 확실한 행복의 참된 맛

생활 속에서 개인적인 '작지만 확실한 행복'을 찾기 위해서는 크든 작든 철저한 자기 규제 같은 것이 필요하다. 예를 들면 꾹 참고 격렬하게 운동을 한 뒤에 마시는 차갑게 얼린 맥주 한 잔 같은 것이다. '그래, 바로 이 맛이야!'하고 혼자 눈을 감고 자기도 모르는 새 중얼거리는 것 같은 즐거움, 그건 누가 뭐래도 작지만 확실한 행복의 참된 맛이다. _무라카미 하루키, 『이렇게 작지만 확실한 행복』

124 | 뻔뻔함을 통한 자유 찾기

내가 자유롭다는 말에 긍정도 부정도 하지 않았지만 당신에게 말해주고 싶었다. 자유로워진다는 건 현실에 무심해지는 것이고, 조금은 뻔뻔해져야 하는 일이기도 하다. 남의 시선에서 자유로워야 하니까. 후회도 미련도 없어야 한다. 선택했다면 어떤 결과가 펼쳐지든 운명처럼 묵묵히 받아들여야 한다.

_김동영, 『무엇이 되지 않더라도』

125 | 나를 미워하지 않는 연습

내 인생에 굴곡이 몇 번 있었지만 내 모습을 잃지 않을 수 있었던 건 나를 미워하지 않는 자세 때문이었다. 내가 나를 사랑해야 한다는 말이 어렵게 느껴진다면, 내가 나를 어떻게 사랑해야 하는지 모르겠다면, 내가 나를 미워하지 않는 연습부터 하자.

_조유미, 『나, 있는 그대로 참 좋다』

126 | 실패란 좋은 삶을 위한 선생님

세상엔 완벽한 준비란 없습니다. 삶은 어차피 모험이고 그 모험을 통해 내 영혼이 성숙해지는 학교입니다. 물론 심사숙고해서 결정해야 하겠지만 백 퍼센트 확신이 설 때까지 기다렸다 길을 나서겠다고 하면 너무 늦어요. 설사 실패를 한다 해도 실패만큼 좋은 삶의 선생님은 없습니다.

_혜민, 『멈추면, 비로소 보이는 것들』

127 | 사랑은 반쪽을 찾는 것이 아니다

세상에서 나의 반쪽을 찾아내 부족한 면을 상대가 채워주기를 기대하지 마세요. 건강한 연인관계는 내가 반달이 아닌 이미 온전한 보름달과 같이 홀로 섰을 때, 나와 비슷한 또 다른 보름달과 같은 온전한 사람을 만나 이루어집니다.

_혜민, 『완벽하지 않은 것들에 대한 사랑』

128 | 나만의 완성도를 갖춰라

내가 기쁨을 느끼고 즐거워하는 일에서 타인이 흉내 낼 수 없는 나만의 완성도를 갖춰놓는 것이 바로 성공적인 인생의 기준점이다. 좋아하는 일을 하든지, 아니면 지금 하고 있는 그 일을 좋아하면 된다. 이것이 가장 중요한 조건이다.

_소노 아야코, 『약간의 거리를 둔다』

129 | 진취성과 신념 간직하기

사람들이 수레와 헛간으로 피할 때 그대는 구름 밑으로 대피하라. 밥벌이를 그대의 직업으로 삼지 말고 도락으로 삼으라. 대지를 즐기되 소유하려 들지 마라. 진취성과 신념이 없기 때문에 사람들은 그들이 지금 있는 곳에 머무르면서 사고팔고 농노처럼 인생을 보내는 것이다.

_헨리 데이빗 소로우, 『월든』

130 | 사랑은 사람을 인재로 만든다

사람은 어떤 순간에 진정한 행복을 느낄까. 아마도 누군가를 진심으로 사랑하고 있을 때가 아닐까. 이성이든 동료든, 사람은 누군가를 사랑할 때 살아가는 기쁨을 맛보고 사랑하는 사람과 함께 있을 때 인생의 참 행복을 느낀다. 사랑은 그 자체로서도 행복한 일이지만 평범한 사람을 인재로 변화시키는 대단한 힘도 갖고 있다.

_윤석금, 『긍정이 걸작을 만든다』

131 | 우리는 자신과 이별할 수 없다

일상에서 깊은 한숨을 내쉬곤 하는 습관이 새로 생겼다고 해서, 일 년 후의 삶이 까마득한 암흑처럼 느껴진다고 해서, 그게 모두 '그 사람과의 관계' 탓은 아닐 것이다. 그것은 엄밀히 말해 '내 탓'이다. 그러나 누구도 자신과는 이별할 수 없기 때문에 우리는 상대방과 이별한다.

_정이현, 『우리가 녹는 온도』

132 | 인생에 다시없을 순간의 아름다움

너와 함께했던, 가장 평범했던 보통의 모든 지난날들은 결국 너와 내가 치열하게도 만들어왔던 다시없을 순간들이며, 두 번은 이루어내지 못할 아름다움이었기에, 우리는, 우리의 사랑은, 그 안의 모든 추억의 조각과 찬란함은 기적이었다.

_김지훈, 『너라는 계절』

133 | 아이에 대한 사랑을 통해 기회를 얻다

아이를 낳아 기르는 건 우리가 조금 더 나은 인간이 될 기회인 것 같다. 우리가 자동적으로 훌륭해진다는 게 아니라 그럴 기회를 얻는다는 뜻이다. 절대적으로 강자인 내가 철저히 약자인 누군가에게 가슴 깊이 우러나는 존중감으로 최선의 배려를 하는 것, 자식이 아니면 내가 누구를 상대로 이런 사랑을 해보겠는가.

_장수연, 『처음부터 엄마는 아니었어』

134 | 절대적인 목표를 향한 질주

그저 바쁘기만 한 생활이었다면 일찌감치 나가떨어졌을지도 모른다. 하지만 내겐 너무도 선명하고 절대적인 목표가 있었다. 그 목표를 향해 전속력으로 질주하면 할수록 아드레날린이 분비되어 힘이 솟았다. 더 좋은 것은 이렇게 바쁘게 지내다 보면 고독이니 뭐니 하는 나약한 감상에 빠져들 겨를이 없다는 것이다.

_하야마 아마리, 『스물아홉 생일, 1년 후 죽기로 결심했다』

135 | 무엇이 되지 않아도 괜찮아

근래 깨달은 것이 하나 있기를, 나는 평생 무엇이 되고 싶어 했다는 것이다. 이제 그 마음을 놓을 수 있겠다는 생각이 든다. 무엇이 되지 않아도 괜찮다고. 지금 할 수 있는 일을 착실히 해나가겠다고. 더 이상 무엇이 되지 못해 괴로워하지 않고 '나'를 잘 살겠다고.

_도대체, 『일단 오늘은 나한테 잘합시다』

136 | 하고 싶은 일로 인생을 채워라

나는 특별한 사람이 아니다. 오히려 평범하기 그지없는 사람이다. 그러다 보니 하고 싶은 것을 다 해보려면 죽어라 노력하는 수밖에 없다. 몸은 피곤하지만, 마음은 늘 소풍 가는 기분이다. 억지로 하는 일이 아니라 하고 싶은 일들로 인생을 채우고 있기에 가능한 일이다.

_정태섭, 『하루를 살아도 후회 없이 살고 싶다』

137 | 빈 페이지에 글을 써내려가다

내 몸의 암세포는 여전히 죽어가거나 아니면 다시 자라고 있을 것이다. 내 앞에 펼쳐진 넓은 지평선에서 나는 공허한 황무지가 아니라 그보다 더 단순한 어떤 것을 보았다. 그것은 내가 계속 글을 써내려가야 할 빈 페이지였다.

_폴 칼라니티, 『숨결이 바람 될 때』

138 | 겨울잠에 들다

가끔 우리도 겨울잠을 잤으면 좋겠다는 생각을 한다. 지나간 계절들을 살아오며 지쳤던 마음이 아무런 생각도 하지 않고 가만히 누워 긴 잠을 잘 수 있었으면. 행복과 불행, 기대와 실망, 사랑과 미움 같은 건 전부 내려놓고서. 그러면 아마 조금 더 건강한 마음으로 봄을 맞을 수 있겠지.

_하현, 『*달의 조각*』

139 | 나의 페이스대로

누군가를 이기는 것은 중요한 것이 아니다. 기록을 단축하는 것도, 완주를 해내는 것도 정말 중요한 것은 아니다. 못할 것 같은 일, 이미 늦어버린 것 같은 일, 뒤처지는 것이 두려워 시작하지 못했던 일을 천천히 나의 속도로 해내는 것. 설령 완주하지 못해도 괜찮다.

_김보통, 『*어른이 된다는 서글픈 일*』

140 | 나는 미리 생각하지 않는다

그 어떤 것도 미리 생각하지 않으려고 한다. 그저 지금은 제대로 된 소파를, 질 좋은 가죽에 뼈대가 튼튼하고 자연과 생명력을 느낄 수 있는 소파를 찾는 데만 집중하고자 한다. 한때나마 살아있었다는 것이 어떤 의미인지 되새기게 해주고, 우리의 손길로 온

기가 빚어지고 우리의 부재로 식어가는 소파를 찾아야 한다.

_니나 리그스, 『이 삶을 사랑하지 않을 이유가 없다』

141 | 본능을 깨우려는 의지

우리 안에는 늘 새로워지려는, 다시 생기를 얻으려는 본능이 있다. 자신의 삶을 변화시키는 힘을 자기 안에서 깨우려는 의지가. 우리는 본능적으로 자아 회복의 장소를 찾고 있으며, 삶에 매몰되어 가기만 하는 것이 아니라 스스로 치유하고 온전해지려는 의지를 지니고 있다.

_류시화, 『새는 날아가면서 뒤돌아보지 않는다』

142 | 강한 사람은 흔들림이 없다

강한 사람이란 약점이 없는 사람이 아니다. 약점이 없는 사람은 없기 때문에.

진짜 강한 사람은 약점도 부족한 점도 있지만 다른 사람들이 그 점을 알아도 묵묵히, 흔들림 없이 자신의 삶을 계속 걸어나가는 사람이다.

_글배우, 『아무것도 아닌 지금은 없다』

143 | 꽃을 피우리라는 믿음

아직 나의 계절이 오지 않았을 뿐, 시간은 계속 흘러가고 계절은 계속 바뀌어 간다. 차디찬 겨울이 지나면 따뜻한 봄이 오고 꽃을 피우듯, 언젠가 나의 계절에서 꽃피울 때 가장 아름다운 꽃을 피우리라는 믿음 하나만으로도 오늘을 살아가는 데 부족함이 없다.

_지민석, 『어른아이로 산다는 것』

144 | 나를 내버려 두어라

목적지까지 내비게이션이 알려주는 길로 예상대로 살아가는 것이 대체로 낫다고 생각할 수 있지만, 우리 모두에게 해당하는 하나의 목적지는 죽는 것이고, 그 외에는 제각각이다. 태어날 때부터 죽을 때까지 각자의 삶 아닌가. 평범함에 들려고 노력하지 말고, 그렇다고 남들 삶에 왈가왈부하지도 말고 나답게 살기 위해 나를 내버려두자.

_박나래, 『웰컴 나래바』

145 | 서두르지 않고 마음을 표현하는 것

고양이들은 쉽게 마음을 열지 않는다고 하지만 실은 누구나 고양이와 친구가 될 수 있다. 서두르지 않고 묵묵히 마음을 표현한다면 고양이들은 제 나름의 방식으로 우리와 관계를 맺는다. 우리는 그저 고양이가 자신만의 속도로 다가와주길 기다리면 된다.

_강태중·이세현, 『째즈와 폴, 보름이와 세영이』

146 | 어린이를 위한 미래

지금 어린이를 기다려 주면, 어린이들은 나중에 다른 어른이 될 것이다. 세상의 어떤 부분은 시간의 흐름만으로 변화하지 않는다. 나는 어린이에게 느긋한 어른이 되는 것이 넓게 보아 세상을 좋게 변화시키는 일이라고 생각한다.

_김소영, 『어린이라는 세계』

147 | 내 사람으로 만드는 방법

사람과의 관계를 유지하기 위해서는, 깊어지기 위해서는, 그 사람을 귀찮게 할 줄 알아야 한다. 밥 한번 먹자는 말이 나오면 구체적인 날짜를 말하며 '이 날은 어때?' 하고 약속을 잡는 것. 아주 사소한 노력으로도 그 사람을 내 사람으로 만들 수 있는 것이다.

_조성용(흔글), 『내가 소홀했던 것들』

148 | 혼자 걸어가는 일이 없기를

나는 조용히 희망합니다. 우리가 평생 이 무거운 삶의 무게를 지고 혼자 걸어가는 일이 없기를요. 유유히 혼자 걸어가고 있으면 주위 사람들이 그 무거운 삶의 바위를 함께 짊어지기도 하고, 작은 망치로 바위를 깎아 주기도 하면서 함께할 거라 믿습니다.

_전승환, 『나에게 고맙다』

149 | 모든 감정은 이유가 있기에 옳다

이제는 모든 감정이 옳다고 생각합니다. 슬픈 건 나쁜 감정이 아니고 이유가 있으니까 슬픈 거겠죠. 그러니 그 슬픈 감정을 존중해줘야죠.

_김제동, 『그럴 때 있으시죠?』

150 | 본질적인 치료법

질병의 원인, 트러블의 원인, 고민의 원인은 항상 일상 안에 있습니다. 우리는 자꾸만 그 원인을 비일상에서 찾으려고 하는데, 알고 보면 모든 원인은 일상 속에 있습니다. 습관 개선, 생활 개선, 일상의 정리정돈이야말로 가장 효과가 좋고 가장 본질적인 치료법입니다.

_야마시타 히데코·오노코로 신페이, 『소중한 것은 모두 일상 속에 있다』

151 | '왜'보다는 '어떻게'

'왜' 대신에 '어떻게'라고 물으면 자기파괴적인 행동에 빠져드는 과정을 그 자체로 규명할 수 있다. 어떻게 자신이나 다른 사람을 해치는 길에 접어들게 되었는가? 어떻게 해서 뇌에서 자기통제, 자기보존, 양심 등의 도구를 사용할 수 없게 되는가? … '왜'만 물으면 무기력한 상태로 남는다. '어떻게'라고 물으면 앞으로 나아갈 길이 보이고 어떻게 해야 할지 알 수 있다.

_수 클리볼드, 『나는 가해자의 엄마입니다』

152 | 보이지 않았던 중요한 것

이제 내 중심을 잡고 인생의 문제를 해결하려면, 지금까지 삶의 우선순위였던 재물, 출세, 명예, 건강 등에 대한 욕구를 뒤로 돌려야 합니다. 이 욕구들이 앞을 가로막고 있어서, 그것을 해결하기 급급해서 정작 중요한 것이 보이지 않았던 겁니다.

_법륜, 『인생수업』

153 | 삶의 의미를 깨달아라

삶에 어떤 의미가 있다는 것을 깨닫는 것보다 최악의 상황에서 효과적으로 살아남을 수 있는 방법은 없다. '왜 살아야 하는지 아는 사람은 어떤 어려움도 참고 견딘다.'라는 니체의 말에는 이런 예지가 담겨 있다.

_빅터 프랭클, 『죽음의 수용소에서』

154 | 우리에게는 '밤'이 존재한다

사람들은 누구나 어제 저녁에 덮고 잔 이불 속에서 오늘 아침을 맞이하는 법이지만 어제와 오늘의 중간에 '밤'이 존재한다는 사실은 큼직한 가능성, 하나의 희망을 마련해두는 것이나 마찬가지라 생각됩니다.

_신영복, 『감옥으로부터의 사색』

155 | 나는 나에게 지고 싶지 않다

나는 살아가면서 내가 좀 더 나아질 수 있다는, 내가 나에게 지고 싶지 않다는 간절함을 필요로 한다. 가치 있다고 생각하는 일에 몰입하는 기분은 생생히 살아서 숨 쉬고 있다는 실감을 안겨준다. 그렇게 조금씩 걸어나가는 일, 건전한 욕심을 잃지 않는 일은 무척 소중하다. 결국 열심히 한 것들만이 끝까지 남는다.

_임경선, 『태도에 관하여』

156 | 서서히 찾아와 주지 않는 것

젊었을 때는 노화란 완만한 우하향 그래프를 그리며 한 해, 한 해 서서히 조금씩 늙어가는 것이라고 생각했다. 하지만 실제로는 그렇지 않았다. 노화는 덜컥덜컥 계단식으로 덮쳐온다. 서서히 찾아와 준다면 그다지 깜짝 놀랄 일은 없을 것이다. _무레 요코, 『그렇게 중년이 된다』

157 | 진심 어린 칭찬의 말

하루하루 애쓰며 살아가지만, 아무도 그 노력을 알아주지 않는 것 같을 때. 괜찮은 척, 아무렇지 않은 척해 보지만, 우리는 누군가 자신의 이름을 불러 주기를, 참으로 애썼다고 진심 어린 칭찬의 말을 건네주길 간절히 원한다. _정희재, 『어쩌면 내가 가장 듣고 싶었던 말』

158 | 나의 삶에 대해 기대해라

내 주변에는 건실한 어른으로 성장한 친구들도 있고, 미들타운에 감도는 끔찍한 유혹의 희생자가 되어 너무 이른 나이에 부모가 되거나 약물에 중독되거나 교도소에 수감된 친구들도 있다. 본인의 삶에 대한 기대치가 있느냐 없느냐에 따라 누구는 성공한 어른이 됐고, 누구는 실패자가 됐다.

_J.D. 밴스, 『*힐빌리의 노래*』

159 | 스스로를 포기하지 않는 것

남의 조건과 환경을 부러워하다 보니 부러움이 비교가 되어버리고, 자존감이 낮아지고, 행복지수가 낮아진 게 아닐까. 내가 가진 것이 남보다 없다고 생각한 건 단순한 비교가 아니었을까. 내가 할 수 있는 일은 얼마든지 많은데 스스로 포기한 것은 아닐까.

_구작가, 『*그래도 괜찮은 하루*』

160 | 죽음에서 용기를 얻다

우리는 죽음에 대한 생각에서 용기를 얻어 사회의 기대 가운데 정당성이 없는 것들로부터 벗어날 수 있다. 해골 앞에서는 다른 사람들의 억압적인 의견도 위압적으로 느껴지지 않는다.

_알랭 드 보통, 『*불안*』

161 | 언젠가 기회는 온다

나는 간절함과 현실 인식은 비례해야 한다고 생각한다. 꿈이 간절할수록 오래 버텨야 하는데, 현실에 발붙이지 않은 무모함은 금방 지치기 마련이기 때문이다. 간절하게 한쪽 눈을 뜨고 걷다 보면 언젠가는 기회가 온다.

_김이나, 『김이나의 작사법』

162 | 성공을 만나는 사람

'자신 있게 꿈을 향해 나아가고 상상해온 삶을 살려고 노력하는 이라면, 일상 속에서 예기치 못한 성공을 만날 것이다.' 그게 내 신조다. 정말 맞는 말이다. 내 삶 전체가 바로 그런 것을.

_타샤 튜더, 『타샤의 말』

163 | 금방 도망치는 것들

오래오래 보고 싶은데 너무 금방 돌아서는 것들. 잠시라도 관심을 거둘라치면 기회는 이때다 하고 나로부터 도망치는 것들. 사람들. 비 오는 토요일 같은 것들. 말라버린 대파 한 단 같은 것들이 사람을 얼마나 외롭게 하는지. 또 냉장고 돌아가는 소리는 가슴을 얼마나 서늘하게 하는지.

_안대근, 『웃음이 예쁘고 마음이 근사한 사람』

164 | 오늘의 소중함과 아름다움

엄마는 가끔 죽음을 생각한단다. 이 나이가 되면 죽음을 준비해야 하고. 실은 젊은 날부터 그랬어. 내가 언제 죽을지 알 수 없기에 나는 이 글을 쓰고 네가 오면 함께 깔깔거리며 먹을거리들을 준비한단다. 언제 죽을지 알 수 없기에 내게는 오늘이 더 소중하고 아름답단다.

_공지영, 『딸에게 주는 레시피』

165 | 떠나보낸 관계에 매듭짓기

자신이 살아남았다는 것은 많은 사람을 떠나보냈다는 말이 된다. 나는 내가 세상을 떠나는 것보다 그편이 괴롭겠다고 생각한 적이 있다. 그러나 할머니는 그런 사건 하나하나에 매듭을 짓고 긍정적으로 하루하루를 살고 있다.

_무레 요코, 『모모요는 아직 아흔 살』

166 | 나를 사랑하는 방법

나를 숨기지 않는다. 나에 대해 허세를 부리지 않는다. 나를 함부로 내세워 자랑하지도 않는다. 동시에 나만이 피해자인양 자기 연민을 갖거나 자학하지도 않는다. 나만 중요하다고 여기지 않는 버릇을 들인다. 나를 남과 비교하지 않는다.

_소노 아야코, 『타인은 나를 모른다』

167 | 열정을 남겨라

열정도 닳는다. 함부로 쓰다 보면 정말 써야 할 때 쓰지 못하게 된다. 언젠가는 열정을 쏟을 일이 찾아올 테고 그때를 위해서 열정을 아껴야 한다. 그러니까 억지로 열정을 가지려 애쓰지 말자. 그리고 내 열정은 내가 알아서 하게 가만 놔뒀으면 좋겠다.

_하완, 『하마터면 열심히 살 뻔했다』

168 | 애매한 기분

참을 수 없이 울적한 순간에도 친구들의 농담에 웃고, 그러면서도 마음 한구석에서는 허전함을 느끼고, 그러다가도 배가 고파서 떡볶이를 먹으러 가는 나 자신이 우스웠다. 지독히 우울하지도 행복하지도 않은 애매한 기분에 시달렸다. 이러한 감정들이 한 번에 일어날 수 있다는 사실을 알지 못해서 더 괴로웠다.

_백세희, 『죽고 싶지만 떡볶이는 먹고 싶어』

169 | 최선을 다해 사랑하는 것

만약에 불안함이 나를 덮칠 것 같으면, 사랑하는 마음으로 불안함을 눌러버리자. 그리고 사랑하는 애인과 함께 이겨내겠다고 약속하길 바란다. 지금 생기는 불안함도, 앞으로 다가오는 불안함도. 꼭 이겨낼 수 있다. 최선을 다해 사랑한다는 말은 "어려움도 함께 극복하자" 하는 마음가짐이라 믿는다.

_손힘찬, 『오늘은 이만 좀 쉴게요』

170 | 기쁨도 슬픔도 가볍게 나누어라

마음 편해지자고 주변 사람을 감정 쓰레기통으로 만들지 않기 위해 다짐한 것이 있다. 기쁨도 슬픔도 가볍게 나누겠다고. 지나칠 만큼 기뻐하거나 행복해하지도, 온 세상이 무너진 것처럼 슬퍼하지 않아야겠다 생각했다.

_신미경, 『뿌리가 튼튼한 사람이 되고 싶어』

171 | 사랑받을 만한 사람

사랑받는 사람이 되는 가장 정확한 방법은 사랑받을 만한 사람이 되는 것이다. 정확한 길이기는 하지만, 쉽고 빠른 길은 아니다. 사랑받을 만한 사람이 되기 위해서는 타인과의 섬세하고 복잡한 커뮤니케이션에 성공해야 한다.

_신형철, 『슬픔을 공부하는 슬픔』

PART 4

픽션으로 세상을 보다

#소설 #인생 #열정 #용기 #사랑 #삶

내가 가진 지식을 다른 사람에게 나누어준다고 해서 내 안의 지식이 줄어드는 것은 아니다. 사랑도 마찬가지이다. 내 안의 사랑을 다른 사람에게 나누어준다고 해도 그 사랑이 고갈되는 경우는 없다. 사랑하고 사랑받는 것이 이 세상에서 가장 행복한 것이다.
소설 속의 주인공들은 두려움 없이 사랑하고, 사유한다. 우리는 그들을 통해 진정한 사랑과 인생의 의미를 배울 수 있다. 또한, 살면서 경험하지 못했던 새로운 사랑을 소설을 통해 배우는 것은 인생을 보는 또 다른 관점을 기르는 현명한 방법이 된다. 소설 속 주인공들을 통해 마음껏 사랑하고 경험해 보자.

172 | 모든 것은 나 하기 나름이다

백지이기 때문에 어떤 지도라도 그릴 수 있습니다. 모든 것이 당신 하기 나름인 것이지요. 모든 것에서 자유롭고 가능성은 무한히 펼쳐져 있습니다. 이것은 멋진 일입니다. 부디 스스로를 믿고 인생을 여한 없이 활활 피워보시기를 진심으로 기원합니다.

_히가시노 게이고, 『나미야 잡화점의 기적』

173 | 꼭 하고 싶은 일

"재밌어. 엄청 재밌어. 지금 내 뜻대로 되는 게 이거 하나밖에 없거든." 아내는 여전히 초등 수학 문제집을 풀고 있고, 나는 아내가 그보다 더 재밌는 일을 했으면 좋겠다. 잘하는 일, 좋아하는 일, 그거밖에 할 게 없어서가 아니라 그게 꼭 하고 싶어서 하는 일. 김지영 씨도 그랬으면 좋겠다.

_조남주, 『82년생 김지영』

174 | 평범함의 가치

부모는 자식에게 많은 것을 바란단다. 그러다 안 되면 평범함을 바라지. 그게 가장 기본적인 거라고 생각하면서. 그런데 말이다, 평범하다는 건 사실 가장 이루기 어려운 가치란다.

_손원평, 『아몬드』

175 | 우리의 삶은 통제 불가능하다

우리는 여러 개의 삶, 이해하기 어렵고 상반되는 욕망으로 얽혀 있는 삶을 동시다발적으로 살아왔다. 우리의 삶은 소중하지만 동시에 덧없고, 무의미하고, 고독했다. 우리의 삶은 진정으로 통제 가능한 적이 없었다. 아주 사소한 사건이나 실수가 삶을 송두리째 뒤흔들어 놓기도 하니까.

_기욤 뮈소, 『*아가씨와 밤*』

176 | 사랑의 현실

사랑에 빠진 사람은, 제아무리 똑똑한 사람도 자기의 사랑이 끝날 것임을 깨닫지 못한다. 환상임을 알지만 사랑은 환상에 구체성을 부여해 준다. 사랑하는 이는 사랑이 아무것도 아님을 알면서도 사랑을 현실보다 더 사랑한다.

_서머싯 몸, 『*달과 6펜스*』

177 | 딱 한 번의 결정

인간의 삶이란 오직 한 번뿐이며, 모든 상황에서 우리는 딱 한 번만 결정을 내릴 수 있기 때문에 과연 어떤 것이 좋은 결정이고 어떤 것이 나쁜 결정인지 결코 확인할 수 없을 것이다.

_밀란 쿤데라, 『*참을 수 없는 존재의 가벼움*』

178 | 밟으면 꿈틀하라

우리는 누군가가 이야기를 하게 내버려 두고 그 사람은 너무 말을 많이 한 나머지 선을 넘지만 자신이 그런 줄 모르고, 듣는 우리도 그냥 받아들인다. 가만히 있으면 안 되는 이런 상황에서 잠자코 있다면 말을 할 수 있는 게 무슨 소용일까?

_앤지 토머스, 『당신이 남긴 증오』

179 | 행동으로 이어진다는 것

할 수 있다고 믿는 것과 실제로 할 수 있는 일은 큰 차이가 있어. 대부분의 사람이 그래. 지금은 날 위해 뭐든지 할 수 있을 것 같겠지만 말야. 물론 그 마음이 진심이란 것 알아. 하지만 진심이라고 해서 그게 꼭 행동으로 이어진다는 법은 없어.

_김영하, 『오직 두 사람』

180 | 신의 계율

시장에서 노래하는 눈먼 거지는 천사일지도 모른다네. 그리고 그대의 아내는 인생의 수수께끼를 풀 열쇠를 갖고 있을 수도 있어. 신의 계율을 압축하면 이것이라네. 지금 이 순간 눈앞에 있는 사람을 사랑하고, 지금 이 순간 자신이 하고 있는 일을 사랑하게.

_류시화, 『인생 우화』

181 | 나는 싸운다

나는 싸우고 있습니다. 날마다 혼자서 싸웁니다. 살아남았다는, 아직도 살아 있다는 치욕과 싸웁니다. 내가 인간이라는 사실과 싸웁니다. 오직 죽음만이 그 사실로부터 앞당겨 벗어날 유일한 길이란 생각과 싸웁니다.

_한강, 『소년이 온다』

182 | 간절히 원하는 것은 우연이 아니다

우리도 오로지, 소망이 내 자신의 마음속에 온전히 들어있을 때, 정말로 내 본질이 완전히 그것으로 채워져 있을 때 그런 무엇을 수행하거나 충분히 강하게 원할 수 있다. … 우연이란 존재하지 않는 것이 맞았다. 무엇인가 간절하게 원했던 것이 실현된다면 그것은 우연이 아니다. 자신의 간절한 소망과 필요가 그곳으로 인도한 것이다.

_헤르만 헤세, 『데미안』

183 | 어설픈 애정과 무정함

상대의 고통을 같이 나눠 질 수 없다면, 상대의 삶을 일정 부분 같이 살아낼 용기도 없다면 어설픈 애정보다는 무정함을 택하는 것이 나았다.

_최은영, 『쇼코의 미소』

184 | 앵무새를 죽이는 것

앵무새들은 인간을 위해 노래를 불러 줄 뿐이지. 사람들의 채소밭에서 무엇을 따먹지도 않고, 옥수수 창고에 둥지를 틀지도 않고, 우리를 위해 마음을 열어놓고 노래를 부르는 것 말고는 아무것도 하는 게 없지. 그래서 앵무새를 죽이는 건 죄가 되는 거야.

_하퍼 리, 『*앵무새 죽이기*』

185 | 모든 것은 그저 지나간다

지금 저에게는 행복도 불행도 없습니다. 모든 것은 지나간다는 것. 제가 지금까지 아비규환으로 살아온 소위 '인간'의 세계에서 단 한 가지 진리처럼 느껴지는 것은 그것뿐입니다. 모든 것은 그저 지나갈 뿐입니다.

_다자이 오사무, 『*인간 실격*』

186 | 미래라는 것이 없으면 과거도 없다

오래전 과거는 생생하게 보존하면서 미래는 한사코 기록하지 않으려 한다. 마치 내게 미래라는 것은 존재하지 않는다고 거듭하여 경고하는 것처럼 느껴진다. 그런데 계속 생각하다 보니 미래라는 것이 없으면 과거도 그 의미가 없을 것만 같다.

_김영하, 『*살인자의 기억법*』

187 | 예기치 못한 슬픔

어떤 진리로도 사랑하는 것을 잃은 슬픔을 치유할 수 없다. 우리는 그 슬픔을 다 슬퍼한 다음 거기에서 뭔가를 배우는 것뿐이고 그렇게 배운 무엇도 또다시 다가올 예기치 못한 슬픔에는 아무런 소용이 없다.

_무라카미 하루키, 『*노르웨이의 숲*』

188 | 눈송이 같은 사랑

그의 사랑은… 눈송이 같을 거라고 해원은 생각했다. 하나둘 흩날려 떨어질 땐 아무런 무게도 부담도 느껴지지 않다가, 어느 순간 마을을 덮고 지붕을 무너뜨리듯 빠져나오기 힘든 부피로 다가올 것만 같다고.

_이도우, 『*날씨가 좋으면 찾아가겠어요*』

189 | 사랑이 하고 싶어서

사랑에 빠지는 일이 이렇게 빨리 일어나는 것은 아마 사랑하고 싶은 마음이 사랑하는 사람에 선행하기 때문일 것이다. 요구가 해결책을 발명한 것이다.

_알랭 드 보통, 『*왜 나는 너를 사랑하는가*』

190 | 타인을 가장 쉬운 방식으로 이해하는 것

나는 늘 당신의 그런 영민함이랄까 재치에 반했지만, 한편으론 당신이 무언가 가뿐하게 요약하고 판정할 때마다 묘한 반발심을 느꼈다. 어느 땐 그게 타인을 가장 쉬운 방식으로 이해하는, 한 개인의 역사와 무게, 맥락과 분투를 생략하는 너무 예쁜 합리성처럼 보여서.

_김애란, 『바깥은 여름』

191 | 사공간의 감옥에서 벗어나면

삶이 꽉 끼는 셔츠와 같다는 것은 오직 시간과 공간의 감옥에서 벗어나야만 깨달을 수 있다. 죽은 자들의 왕국에서 진정한 행복은 육신이 없는 영혼이라면, 산 자들의 영토에서 가장 큰 행복은 영혼 없는 육신이라는 사실은 그 누구도 죽은 다음이 아니면 알 수 없다.

_오르한 파묵, 『내 이름은 빨강』

192 | 일어날 일은 일어난다

알란은 앞으로 일어날 일에 쓸데없는 기대를 하는 사람이 아니었다. 또 반대로 쓸데없는 걱정을 하지도 않았다. 어차피 일어날 일은 일어나게 될 터, 쓸데없이 미리부터 골머리를 썩일 필요가 없기 때문이었다.

_요나스 요나손, 『창문 넘어 도망친 100세 노인』

193 | 위대하지 않고서도 이루어지는 자리

나는 한 개 한 개의 송곳이 유난히 튀어나오기보다, 그걸 감싼 가죽이 튼튼하기 바랍니다. 한 개의 송곳이 뾰족 뚫고 나오지 않아도 되는 질기고 억센 가죽 주머니를 원해. 사람이 위대하지 않고서도, 사랑이 위험하지 않고서도 그 꼴이 유지되거나 이루어지는 자리를 바라요.

_구병모, 『단 하나의 문장』

194 | 죽음이 우리를 홀로 남겨놓는다

우리는 죽음 자체를 두려워하지만, 대부분은 죽음이 우리 자신보다 다른 사람을 데려갈지 모른다는 사실을 더 두려워한다. 죽음에 대해 갖는 가장 큰 두려움은, 죽음이 언제나 자신을 비껴가리라는 사실이다. 그리하여 우리를 홀로 남겨놓으리라는 사실이다.

_프레드릭 배크만, 『오베라는 남자』

195 | 간절히 원하면 우주가 돕는다

자아의 신화를 이루어내는 것이야말로 이 세상 모든 사람들에게 부과된 유일한 의무지. 자네가 무언가를 간절히 원할 때 온 우주는 자네의 소망이 실현되도록 도와준다네.

_파울로 코엘료, 『연금술사』

196 | 나를 발견해 줘

너라면 이해할 수 있을 거야. 모든 사랑 이야기는 사실 절망에 관한 이야기라는 걸. 그러니 부디 발견해줘. 나와 내 언니들의 이야기를. 너의 운명적 사랑을. 그 지옥에서 벗어날 수 있게 해줄 기이한 수단을.

_정세랑, 『옥상에서 만나요』

197 | 운명의 자객

운명은 제 할 일을 잊는 법이 없다. 한쪽 눈을 감아줄 때도 있겠지만 그건 한 번 정도일 것이다. 올 것은 결국 오고, 벌어질 일은 끝내 벌어진다. 불시에 형을 집행하듯, 운명이 내게 자객을 보낸 것이었다. 그것도 생의 가장 중요한 순간에, 가장 잔인한 방식으로.

_정유정, 『종의 기원』

198 | 시시한 데서 시작되는 것

어떤 종류의 사람들에게는 사랑이란 게 지극히 하찮은, 혹은 시시한 데서부터 시작되는 거예요. 거기서부터가 아니면 시작되지 않는 거지요.

_무라카미 하루키, 『상실의 시대』

199 | 어김없이 날은 밝아온다

굴욕감에 침잠된 채로 밤을 지새웠고, 이미 나라는 사람은 없어져버린 게 아닐까, 하는 마음이 되었다고. 그런데도 어김없이 날은 밝았고 여전히 자신이 세계 속에 존재하며 출근도 해야 한다는 사실을 마주해야 했다.

_장류진, 『일의 기쁨과 슬픔』

200 | 행복은 웅장한 것이 아니다

만족한 상태는 불우한 환경에 대한 멋진 투쟁의 찬란함도 없고, 유혹에 대한 저항 그리고 격정이나 회의가 소용돌이치는 숙명적인 패배의 화려함도 전혀 없습니다. 행복이란 전혀 웅장하지 못하니까요.

_올더스 헉슬리, 『멋진 신세계』

201 | 먼 등불처럼 차가운

시마무라는 밖으로 나오고서도 요코의 눈길이 그의 이마 앞에서 타오르는 것 같아 어쩔 바를 몰랐다. 그건 마치 먼 등불처럼 차갑다. 왜냐면 시마무라는 기차 유리창에 비친 요코의 얼굴을 바라보는 동안 야산의 등불이 그녀의 얼굴 저편으로 흘러 지나가고 등불과 눈동자가 서로 겹쳐져 확, 환해졌을 때, 뭐라 형용하기 힘든 아름다움에 가슴이 떨려왔던 어젯밤의 인상을 떠올렸기 때문이다.

_가와바타 야스나리, 『설국』

202 | 가장 안전한 커뮤니케이션

우리는 서로에 대해 기록할 것이다. 그것이 가장 안전한 형태의 커뮤니케이션이기에. 우리는 문자와 이니셜을 서로 교환하고, 종이 위에 서로를 불멸로 남기고, 서로를 플라스티네이션 처리하고, 문장의 포름알데히드 속에 서로를 담글 것이다.

_올가 토카르추크, 『방랑자들』

203 | 과거의 진실이 현재를 움직이다

어차피 우리는 같은 시간 안에서 서로 다른 방향을 바라보는 사람들이었고 우리에게 유성우의 밤은 같은 풍경이 아닐 것이다. 그리고 그 책에서 말하듯 과거의 진실이 현재를 움직일 수도 있다. 과거의 내가 나 자신이 알고 있던 그 사람이 아니라면 현재의 나도 다른 사람일 수밖에 없다.

_은희경, 『빛의 과거』

204 | 미소를 보고 깨닫다

떠나겠다고 대답할 때 그는 내가 보았던 그의 수많은 불행의 얼굴들 중 가장 나은 미소를 짓고 있었지. 그때 나는 알았어. 우리는 그곳에서 괴로울 거야. 하지만 그보다 많이 행복할 거야.

_김초엽, 『우리가 빛의 속도로 갈 수 없다면』

205 | 나의 진짜 이름

세상에 존재하는 이름은 대부분 그렇게 지어질 만한 이유가 있었다. 나는 나의 이름을 불러보았다. 내 이름은 나보다 우리 집 개한테 더 잘 어울렸다. 단 한 번도 불려보지 못한 진짜 내 이름이 어딘가에서 나의 부름을 기다릴 것 같았다. _임솔아, 『최선의 삶』

206 | 우주를 넘어선다면

인간이 인간과 인간 아닌 모든 것을 끊임없이 죽이고 또 죽이는 이 끔찍한 행성에서, 어떻게 전체의 특성을 닮지 않는 걸까. 너는 우주를 전혀 모르는데, 어떻게 우주를 넘어서는 걸까.

_정세랑, 『지구에서 한아뿐』

207 | 사랑에 익숙해지는 것

한 방울의 이슬이 그 몸에 떨어지기만 해도 흔들리는 장미꽃 봉오리와 우리는 어떤 공통점이 있는가? 그렇다. 우리가 삶을 사랑하는 것은 삶에 익숙해져서가 아니라 사랑에 익숙해졌기 때문이다. _프리드리히 니체, 『차라투스트라는 이렇게 말했다』

208 | 추방된 갈매기

비행의 의미를 배에서 나오는 부스러기나 먹으러 가는 수단 이상으로 보고, 자신의 한계를 깨려고 애쓰는 갈매기가 있을까? 어쩌면 부족 앞에서 진실을 말한 탓에 추방된 갈매기가 있을지도 몰랐다.

_리처드 바크, 『갈매기의 꿈』

209 | 지배한다는 것

지배한다는 것은 사람들에게 무엇인가 할 일을 준다는 것, 그들로 하여금 그들의 문명을 받아들이게 할 수 있는 일, 그들이 목적 없이 공허하고 황량한 삶의 주위를 방황하지 않게 할 어떤 일을 준다는 것이다.

_조세희, 『난장이가 쏘아올린 작은 공』

210 | 나를 사랑해주세요

제겐 그보다 더 두려운 게 없습니다. 다른 사람들도 그럴 겁니다. 하지만 그 사실을 입 밖에 내어 말하는 사람은 없습니다. 저는 때때로 고함을 지르고 싶은 충동을 느낍니다. 나는 두려워, 나는 겁이 나, 나를 사랑해줘 하고 말입니다.

_프랑수아즈 사강, 『브람스를 좋아하세요...』

211 | 인간이 되어 살다

통조림 몇 개 때문에 한 노인을 죽이려고 했을 때, 저희는 짐승들이 되어 있었습니다. 한 노인을 살려주고 나니, 그제야 저희는 사회 속에 사는 인간이 되어 있더군요. 그래서 저희는 살았습니다.

_김동식, 『회색 인간』

212 | 사소한 변별

말끝을 올리고 내리는 것으로 누군가는 남겨지고 누군가는 옮겨가는 사람이 된다는 것, 어쩌면 세상의 많은 일들은 그런 사소한 변별을 가지고 있을 뿐이라는 것에 대해 그후로도 오랫동안 생각해왔다.

_김금희, 『오직 한 사람의 차지』

213 | 고요한 삶의 구원

그렇지만 엠마는 지금 자기가 살고 있는 이 고요한 삶이 그녀가 꿈꾸었던 행복이라고는 생각할 수 없었다. 그러나 영혼 깊은 곳에서는 어떤 우연스런 사건이 발생하기를 기다리고 있었다. 마치 조난당한 선원들처럼 수평선의 바다 안개 속에서 어떤 흰 돛을 단 범선이 나타나지 않을까 두리번거리면서 자신의 고독한 삶에 절망적인 시선을 두루 보내곤 했다.

_귀스타브 플로베르, 『마담 보바리』

214 | 오늘의 기억

어떻게든 오늘은 가고 내일은 온다. 사람들의 이름 옆에 그렇게 적어 본다. 맨 처음 단어인 '어떻게든'에 줄을 여러 번 그어 지우고 나머지를 남긴다. 오늘은 가고 내일은 온다. 오늘은 어떻게 기억될까.

_황정은, 『*디디의 우산*』

215 | 사람이 머물다 가는 곳

벚꽃은 이미 끝물이었다. 꽃이 져버린 벚나무 가지 끝의 지저분한 분홍빛이 죽은 자의 입술 빛깔을 연상시켰다. 호텔 방은 좁고, 스산했다. 지나치게 깨끗하게 정돈된 침대가 이곳이 사람이 '사는' 곳이 아니라 '머물다 가는' 곳이라는 사실을 상기시켰다.

_곽아람, 『*그림이 그녀에게*』

216 | 보다 잘 실망하는 법

어른이 되는 시간이란 게 결국 실망에 익숙해지는 과정을 말하는 것이겠지만 글이란 게 그걸 꼭 안아주는 것은 아닐지라도 보다 '잘' 실망할 수 있게 만들어주는 무엇인지도 모르겠어.

_김애란, 『*두근두근 내 인생*』

217 | 낡음을 뒤집어라

아무도 하지 않은 말, 아무나 할 수 없는 말, 나는 그런 미지의 언어를 원한다. 내가 가장 듣기 싫어하는 말은 '이 세상에 새로움이란 없다'는 식의 단언이다. 나는 낡은 생각, 낡은 언어, 낡은 사랑을 혐오한다. 나의 출발점은 그 낡음을 뒤집은 자리에 있다.

_양귀자, 『나는 소망한다 내게 금지된 것을』

218 | 벗어나기 위해 떠나다

고달픈 삶을 벗어난들 더 나은 삶이 있다는 확신은 누구에게도 없다. 그러나 사람들은 떠난다. 더 나은 삶을 위해서라기보다 지금의 삶에서 벗어나기 위해서. 아무 확신도 없지만 더이상 지금 삶에 머물러 있지 않아도 된다는 것 때문에 떠나는 이의 발걸음은 가볍다.

_은희경, 『새의 선물』

219 | 나의 아홉 살

서양의 어떤 작가는 이렇게 말했다. "지나치게 행복했던 사람이 아니라면, 아홉 살은 세상을 느낄 만한 나이이다." 다행히 내 아홉 살은 지나치게 행복했던 편은 아니었고, 그리하여 나 또한 세상을 느끼기 시작했다.

_위기철, 『아홉살 인생』

220 | 안간힘으로 두들겨야 하는 인생

그들에게 있어 인생이란 탐구하고 사색하는 그 무엇이 아니라 몸으로 밀어가며 안간힘으로 두들겨야 하는 굳건한 쇠문이었다. 혹은 멀리 보이는 높은 산봉우리였다. _양귀자, 『원미동 사람들』

221 | 막다른 길에 이르는 것

일이란 다 닥쳐야 하게 되는 거요. 사람이란 막다른 길에 이르러서야 방법이 생기는 거란 말이외다. 그건 막다른 길에 이르기 전에는 행동을 취해야 할지 말아야 할지 불분명하기 때문이지.

_위화, 『허삼관 매혈기』

222 | 우리가 알고 있는 사람

어떤 사람을 잘 안다는 것-잘 아는 체한다는 것이 그 어떤 사람의 입장에서 보면 무척 불행한 일이다. 우리가 비난할 수도 있고 적어도 평가하려고 드는 것은 우리가 알고 있는 사람에 한하는 것이기 때문이다. _김승옥, 『무진기행』

223 | 나의 가슴 아픈 외로움

난 후회하지도, 죄책감을 느끼지도 않았다. 내가 저지른 살인마다 이유가, 그것도 충분한 이유가 있었다. 이렇게 가슴이 아픈 까닭은 외로움 때문이다. 이 세상에 내가 아는 사실을 공유하는 사람이 한 명도 없다는 외로움.

_피터 스완슨, 『죽여 마땅한 사람들』

224 | 아집에 불과한 희망

모든 사람의 마음속에는 이제 극도로 늙고 극도로 음울해진 희망, 심지어는 사람들로 하여금 그냥 가만히 죽어가지도 못하게 하는 희망, 삶에 대한 단순한 아집에 불과한 그런 희망밖에는 남아 있지 않았다.

_알베르 카뮈, 『페스트』

225 | 선악의 갈림길에 서는 것

선한 사람 악한 사람이 따로 있는 게 아니라, 사는 동안에 수없는 선악의 갈림길에 있을 뿐이라고 생각하고 있다.

_박완서, 『그 많던 싱아는 누가 다 먹었을까』

226 | 내가 잊고 있던 연민과 사랑

하늘은 인간적이지 않다. 그래도 저 하늘을 넘어서는 무언가가, 연민과 사랑이 분명 존재한다. 오랫동안 내가 잊고 있었고, 내 기억 속에서 완전히 삭제된 그것이. _보후밀 흐라발, 『너무 시끄러운 고독』

227 | 진실에 가까워지는 길

진실이란 본시 손안에 쥐는 순간 녹아 없어지는 얼음처럼 사라지기 쉬운 법이다. 그래서 어쩌면 혹, 그 모든 설명과 해석을 유예하는 것만이 진실에 가까워지는 길이 아닐까? _천명관, 『고래』

228 | 인간은 전선과 같다

대부분의 인간들은 아직 전기가 들어오지 않은 전구와 같은 거야. 전기만 들어오면 누구라도 빛을 발하지, 그건 빛을 잃은 어떤 전구보다도 아름답고 눈부신 거야. 그게 사랑이지. 인간은 누구나 하나의 극을 가진 전선과 같은 거야.

_박민규, 『죽은 왕녀를 위한 파반느』

229 | 확신할 수 없는 감정

사랑과 증오의 감정에 대한 여러 가지 말이 연단이나 설교단 위에서 엄숙하게 튀어나오는 것을 그는 들은 적이 있으며, 또 책 가운데 엄숙하게 씌어 있는 것을 본 적도 있다. 그러나 왜 자기의 영혼은 한시도 그러한 감정을 품을 수 없는 것인지, 왜 자기의 입술은 확신을 갖고 그러한 말을 할 수 없는 것인지 그는 의아스러웠다.

_제임스 조이스, 『젊은 예술가의 초상』

PART 5

역사도 인생도 똑같이 반복한다

#히스토리 #사회의흐름 #과거 #반성과성찰 #교훈

인생에서 우리는 늘 선택의 기로에 놓인다. '과거를 알아야 현재를 대처하며, 미래를 살아갈 힘을 얻는다.' 한 번의 선택은 인생을 만들어간다. 현명한 선택을 위해서 역사의식을 갖추는 것은 매우 중요하다. 역사는 과거의 사람들에게 끊임없이 질문을 던진다. 역사의 쓸모는, 과거에 이루어진 선택을 배우고 이를 바탕으로 미래를 만들어나간다는 것에 있다.

책에는 인류의 역사가 있고, 인류의 발견이 있으며, 세대를 통해 축적된 지식과 경험이 있다. 미래의 불안으로 힘들 때, 나를 붙잡아 줄 수 있는 것은 과거의 지혜다. 역사를 통해 흐름을 배우고, 인생을 꾸려나가는 지혜를 배울 수 있다.

230 | 왕을 보필한다는 것

왕이 아무리 뛰어난 자질과 인성을 지녔다 하더라도 그 왕을 보필하고 이끌어줄 신하가 없다면 왕도정치는 기대할 수 없는 것이다. 세종시대는 세종이라는 마부와 황희와 맹사성이라는 두 마리 말이 끌고 가는 쌍두마차에 비유할 수 있다.

_박영규, 『한 권으로 읽는 조선왕조실록』

231 | 스스로 적응하지 못하는 동물

문제는 사람이다. 자연은 스스로 적응하지만 사람은 그렇지 못한다. 인구는 여전히 늘어나고, 그 많은 인구가 끊임없이 땅을 혹사하고 있다. 게다가 지구 온난화라는 암초가 있다. 사막화를 늦추는 노력에 찬물을 끼얹으면서 지구는 점점 더 더워지고 있다.

_장 크리스토프 빅토르, 『아틀라스 세계는 지금』

232 | 사생활은 삶의 일부이다

그들의 허물 많은 사생활이 보여주는 것은 단지 인간이 얼마나 복잡한 존재인가, 욕망 앞에서 이념은 얼마나 무기력한 것인가 하는 것이다. 한 인간의 위대성을 보여주기 위해 부끄러운 사생활을 감춰 두는 것은 옳지 않다. 사생활 역시 인생의 삼분의 일 이상을 차지하는 부인할 수 없는 삶의 일부이기 때문이다.

_전봉관, 『경성기담』

233 | 마음의 긴장을 하는 사람들

인조가 왕이 되어서 한 첫 경험은 배반이었다. 당연히 인조는 주변 사람들을 쉽게 믿을 수 없었고 늘 경계해야 했다. 그의 긴장은 중요한 상황 판단에서 잦은 실수를 범하게 했다. 마음의 긴장을 하는 사람들은 중요한 결정을 해야 할 때 인지협착을 보이기 때문이다.

_강현식, 『심리학으로 보는 조선왕조실록』

234 | 이웃의 연대의식

이들 사이에는 결코 가로지를 수 없는 신분과 경제력의 차이가 있었을 터이지만 그래도 이웃이었다. 이런 구조에서는 골목끝 고루거각에 사는 부자 나리가 같은 골목 안에서 굶주리는 이웃에 자선을 베풀지 않을 도리가 없었을 것이다. 그것은 도덕적 의무감이라기보다는 일상적 관계가 만들어내는 연대의식이었다.

_전우용, 『서울은 깊다』

235 | 우리는 동떨어지지 않았다

현대 세계는 거미줄 같은 관계망으로 얽혀 있다. 리먼브러더스의 파산으로 촉발된 전 세계 금융위기, 중국발 멜라민 공포, 그리고 흑인 대통령을 탄생시킨 미국의 대선 같은 최근의 굵직한 사건만 보더라도 이들이 우리 삶과 동떨어진 남의 나라 이야기가 아님을 실감할 수 있다.

_르몽드 디플로마티크, 『르몽드 세계사』

236 | 신분에 따른 사회적 역할

물론 노블레스 오블리주를 실천하는 참다운 귀족은 높이 찬양받아 마땅하지만, 근원을 보면 그 고귀한 정신은 귀족 개인의 용기에서 비롯된 게 아니라 신분에 따라 사회적 역할이 주어진 역사에 바탕을 두고 있다.

_남경태, 『역사』

237 | 유럽의 유례없는 평화

전쟁 시절을 겪어보지 않고 현재의 위기를 맞은 이들은 유럽의 통합이 무슨 이득을 가져다주는지 의문을 갖는다. 하지만 유럽은 지난 65년 이상 유례없는 평화의 시기를 누려왔다. 비록 우리 앞에는 여전히 극복해야 할 문제와 난관이 있지만 해답은 그것밖에 없다.

_팀 마샬, 『지리의 힘』

238 | 저물녘의 황혼

우리 가운데에는 다른 이들에게는 칠흑 같은 어둠으로 보이는 하늘 한 모퉁이에서 새로운 서광이 어슴푸레 비추기 시작했다고 확신하는 사람들도 많다. 그러나 지금부터 이 책에서 말할 내용과 직결되는 것은 저물녘의 황혼일 뿐이며 새벽녘의 여명은 아니다.

_레지널드 존스턴, 『자금성의 황혼』

239 | 광기와 탐욕의 관성

자원 고갈과 인구 구조 변화는 지금까지 서구 중심으로 발전해온 경제 시스템의 근간에 수정을 요구할 것으로 보인다. 결국 답은 더딘 성장을 감수하고 함께 나누는 것이지만 콜럼버스의 신대륙 발견 이후 수백 년 동안 이어진 광기와 탐욕의 관성이 약해질 수 있을지에는 여전히 의문부호가 남는다.

_권홍우, 『부의 역사』

240 | 어머니의 놀라운 지혜

젊은 나이에 과부가 되었다는 것, 아버지 없는 자식들이라는 것은 조선시대에 커다란 열등감이었을 것이다. 그 열등감으로 오히려 자녀들을 격려한 어머니의 지혜가 놀랍다. 우리는 흔히 열등감을 극복한 사례를 말할 때 에디슨이나 나폴레옹을 인용한다.

그것이 잘못된 것은 아니지만 우리 역사 안에서 그런 사례를 찾아보는 노력도 필요하다. 퇴계와 그 어머니는 이런 사례로 매우 적합하다.

_김권섭, 『선비의 탄생』

241 | 연산군의 죄

연산군이 폐비 윤씨와 관련된 신하들은 죽이되 그 재산은 다른 신하들에게 주었다면 쫓겨나지 않았을 것이다. 이 경우 재산을 분배받은 신공신들은 국왕에게 충성을 바치게 되어 있었다. 그러나 연산군은 빼앗은 재산을 혼자 차지함으로써 스스로 고립을 자초했다.

_이덕일, 『조선 왕 독살사건』

242 | 역사를 통해 나의 존재를 지키다

역사에서 위인으로 평가받는 사람들은 정상에서 배회한 사람들이 아닙니다. 물러나야 할 때 물러날 줄 알고, 잘 내려온 사람들이지요. 우리는 역사를 통해 '잘 내려오는 법'을 배워야 합니다. 이를 통해 나의 존재, 나의 격을 지킬 수 있으니까요.

_최태성, 『역사의 쓸모』

243 | 통일된 지구촌을 포기하는 것

새로운 밀레니엄을 시작하고 있는 이때 우리를 위협하는 환경 재난과 사회붕괴 현상을 막으려면 우리는 하나의 모습으로 통일된 지구촌을 포기하고 세계화 경제의 대안인 지역중심경제를 가슴으로 안아야 할 것이다.

_헬레나 노르베리 호지, 『오래된 미래』

244 | 관용의 중요성

모든 초강대국들에게 관용은 패권을 장악하는 데 없어서는 안 될 필수 불가결한 요소였다. 제국의 쇠퇴는 불관용과 외국인 혐오, 그리고 인종적, 종교적, 민족적, '순수성'에 대한 촉구와 함께 시작되었다.

_에이미 추아, 『제국의 미래』

245 | 역사란 무엇인가

후세인들이 이해하는 역사란 종이더미에 묻힌 채 침침해진 눈으로 세상을 바라본 저자의 묘사에 지나지 않는다. 역사란 그저 그들의 눈에 비친 삶의 아름다움과 애수일 뿐인 것이다. 게다가 생생히 살아 숨 쉬는 사실조차도 저자의 도덕적 수치심으로 인해 혹은 정치의 칼날로 인해 왜곡될 수 있다.

_바이하이진, 『여왕의 시대』

246 | 사건을 재구성하다

실록에 떠들썩하게 소개되는 사건들은 대부분 죄질이 무겁거나 증거가 불충분해 해석이 분분할 것일 때가 많다. 나도 그 사건들의 인과관계를 나름대로 재해석하고 그녀들 입장에서 사건을 재구성해보기로 했다.

_손경희, 『조선이 버린 여인들』

247 | 역사 발전이란 무엇인가

어떠한 사회적 억압과 불평등도 영원한 것은 없으며, 인간의 집단적 의지와 실천에 의해 그것을 개조할 수 있다는 진리야말로 역사 발전이란 무엇인가 라는 질문에 대해 역사 그 자체가 내리는 해답인 것이다.

_유시민, 『거꾸로 읽는 세계사』

248 | 미의 역사와 예술작품

다음과 같은 의문이 제기될 수 있을 것이다. 미의 역사가 예술작품들을 통해서만 증명되어야 하는 까닭은 무엇인가? 그것은 수세기에 걸쳐 자신들이 아름답다고 간주한 것들에 대해 우리에게 이야기를 들려주고 그 표본을 남겨 준 사람들이 바로 화가, 시인, 소설가이기 때문이다.

_움베르토 에코, 『미의 역사』

249 | 군사력을 이용한 권력

무신 정변은 우리 역사 속에서 좋지 않은 선례를 남겼다. 정상적인 절차가 아닌 군사력을 이용한 권력 장악의 본보기가 된 것이다. 더구나 개혁을 통한 민생 안정보다 자신의 권력 유지와 사리사욕을 탐했다는 측면에서 보면 더더욱 그러하다.

_백유선, 『한국사 콘서트』

250 | 로마제국의 지배방식

예나 지금이나 제국들의 지배방식에는 피지배민족의 역반응을 불러일으켜 그들로 하여금 끝내 속박에서 벗어나게 하는 경향이 있는 것 같다. 그런 의미에서 로마제국도 스스로 파멸의 씨앗을 뿌린 것으로 볼 수 있다.

_피터 히더, 『로마제국 최후의 100년』

251 | 시장의 주인이 된 자

전쟁이 시장이란 자궁에서 배태되었을 때 그것은 영원히 죽지 않는 괴물이 된다. 또한 그 전쟁을 이끄는 '전쟁두뇌'들은 우리가 생각하는 것 이상으로 민활하고 창조적이다. 그들은 불가능한 시장을 만들어 시장의 주인이 된 자들이다.

_서영교, 『전쟁 기획자들』

252 | 바람직한 형태로 진보하다

모든 사물이 낯설어질 때 시가 나오듯 "우리가 행복하지 않다고 생각하는 데에서 새로운 변혁은 시작된다."는 말이 있다. 로마의 시인인 오비디우스는 "인간의 영혼은 새로움을 향해 기운다."라고 말하며 인간이 바람직한 형태로 진보해 나갈 것을 예언했다.

_신정일, 『똑바로 살아라』

253 | 미쳐야만 도달할 수 있는 것

잊는다(忘)는 것은 돌아보지 않는다는 뜻이다. 따지지 않는다는 뜻이다. 이것을 해서 먹고 사는 데 도움이 될지, 출세에 보탬이 될지 따지지 않는다는 말이다. 그냥 무조건 좋아서, 하지 않을 수 없어서 한다는 말이다. 붓글씨가 그림, 노래 같은 하찮은 기예도 이렇듯 미쳐야만 어느 경지에 도달할 수가 있다.

_정민, 『미쳐야 미친다』

254 | 그대의 소유와 존재

그대의 존재가 적으면 적을수록, 그대가 그대의 삶을 덜 표출할수록, 그만큼 그대는 더 많이 소유하게 되고, 그만큼 그대의 소외된 삶은 더 커진다.

_에리히 프롬, 『소유냐 존재냐』

255 | 성숙한 인간

미성숙한 인간의 특징이 어떤 이유를 위해 고귀하게 죽기를 바라는 경향이 있다는 것이다. 반면 성숙한 인간의 특징은 동일한 상황에서 묵묵히 살아가기를 원한다는 것이다. … 어떤 것들은 계속 그 자리에 두어야만 한다. 저렇게 유리 진열장 속에 가만히 넣어두어야만 한다. 불가능한 일이라는 걸 잘 알고는 있지만, 그것이 불가능하다는 사실이 너무나도 안타깝다.

_제롬 데이비드 샐린저, 『*호밀밭의 파수꾼*』

256 | 지리적인 인식을 갖추어라

인간은 자연과 유기적인 관계를 유지하지만 인간의 활동으로 인해 지역의 변화가 유발되기도 하며, 지리적 변화에 의해 인간의 삶이 영향을 받기도 한다. 때문에 역사를 공부 할 때는 무엇보다도 지리적인 인식을 갖추는 것이 필요하다.

_김용만, 『*지도로 보는 한국사*』

257 | 공허와 심연 마주하기

우리는 축의 시대 현자들이 무시무시하고 끔찍한 상황에서 자비의 윤리를 발전시켰다는 사실을 우리 자신에게 늘 일깨워야 한다. 그들은 상아탑에서 명상을 한 것이 아니라, 전쟁으로 찢긴 무시무시한 사회, 오랜 가치들이 사라져 가는 사회에 살았다. 그들도 우리와 마찬가지로 공허와 심연을 의식했다.

_카렌 암스트롱, 『축의 시대』

258 | 불안의 두려움

나는 대부분의 젊은이들이, 그들의 앞 세대가 이유를 알지 못한 채 신을 믿었듯이, 이유를 알지 못한 채 신에 대한 믿음을 잃어버린 시대에 태어났다. … 우리에게 일어난 일은 우리에게만 일어나는가, 아니면 모두에게 일어나는가. 다른 모든 이들에게도 일어나는 일이라면 전혀 새로울 게 없고, 오직 우리에게만 일어나는 일이라면 다른 이들이 이해하지 못할 텐데.

_페르난도 페소아, 『불안의 책』

259 | 시선에 의한 지배

중세에서 '성서'라는 지식을 지배하는 것이 모든 것을 지배하는 권력으로 이어졌듯이 근대에서는 '시선'을 지배하는 것이 권력으로 이어집니다. 우리는 잘 의식하지 못하지만 시선에 의한 지배는 지금도 계속되고 있습니다.

_사이토 다카시, 『세계사를 움직이는 다섯 가지 힘』

260 | 영어로 예술을 창조하다

제프리 초서(Geoffrey Chaucer)는 영어로 글을 쓴 사람 중에 아마도 가장 창조적인 인물이었을 것이다. 실제로 그가 영어를 예술 매체로 창조했다고 해도 과언이 아니다. 초서 이전에는 음성 언어와 어느 정도의 문자 언어가 있었다. 그러나 초서 이후에는 문학이 생겼다.

_폴 존슨, 『창조자들』

261 | 역사를 부정하려는 시도

독재자들은 대개 역사의 힘을 잘 알았다. 그런고로 그들은 과거를 고쳐 쓰고, 부정하고, 파괴하려고 했다. 프랑스 혁명 때의 막시밀리앙 로베스피에르와 1970년대 캄보디아의 폴 포트는 각각 사회를 처음부터 다시 출범시키려고 했다.

_마거릿 맥밀런, 『역사 사용설명서』

262 | 성공한 군주들의 특징

옛 사람들은 역사가 한낱 과거 사실에 대한 복고풍의 지적 유희가 아니라 현재학이고 미래학이라는 사실을 잘 알고 있었다. 이런 점에서 성공한 군주들의 공통적인 특징 중 하나가 역사서 애독이었다는 점은 당연하다.

_이덕일, 『조선 왕을 말하다』

263 | 강자의 조건

지금까지 살펴본 2,500년의 역사는 말하고 있다. 강대국을 만든 리더십의 실체는 힘이 아니다. 관용과 개방을 통한 포용이다. '말 위에서 천하를 지배할 수 있어도, 말 위에서 천하는 다스릴 수 없다'는 몽골제국의 오래된 경구는 묻는다. 당신은 진정한 '강자의 조건'을 가졌는가?

_이주희, 『*강자의 조건*』

264 | 예술가들의 마음을 움직이다

나폴레옹은 예술가들의 마음을 어떻게 움직여야 하는지 누구보다 잘 알았다. 나폴레옹은 예술가들에게 최고의 존경을 표하고 그들의 재능을 인정해 자부심을 극도로 높여줌으로써 그들이 자신을 사랑하지 않으려야 않을 수 없게 만들었다.

_이주헌, 『*역사의 미술관*』

265 | 혼란스러운 발전이 돕는다

이야기체와 개성, 분석과 종합을 통해, 우리는 복잡한 세상을 보다 합리적인 모습으로 그려내려고 노력한다. 종국적인 목적은 혼란스런 발전이 인간의 도덕적 능력을 앞서지 않도록 돕는 것이다.

_노베르토 앤젤레티·알베르토 올리바, 『*타임*』

266 | 타도할 대상에 불과한 것

그런데 문제는 진붕과 위붕이 상대적일 수밖에 없다는 데 있었다. 즉 자신들의 당은 항상 진짜 당이고 상대방은 언제나 가짜 당으로 인식한 것이다. 가짜 당은 정치적 파트너나 대화할 상대가 아니라 타도할 대상에 지나지 않았다. 이러니 정쟁이 격화되지 않을 리가 없었다.

_이덕일, 『사도세자의 고백』

267 | 옳은 전쟁만 남다

옳은 것만 말하는 신이 바란 일이니 옳은 전쟁임에 틀림없을 것이다. 따라서 신의 존재가 후퇴한 뒤에도 '옳은 전쟁'만 남았다. 아니, 적어도 이 정도는 남기고 싶다고 인간이 생각했기에 남은 것인지도 모른다.

_시오노 나나미, 『십자군 이야기』

268 | 역사적 배경을 폭넓게 이해해라

성서의 내용은 그것 자체로 충분한 메시지를 전달하지만 성서가 기록된 당시의 역사적 배경과 사회 정황을 폭넓게 안다면 성서의 등장인물과 메시지를 보다 입체적으로 이해할 수 있다.

_존 드레인, 『성경의 탄생』

269 | 현재의 속삭임

"역사란 과거와 현재 사이의 끊임없는 대화"라는 E.H. Carr의 정의는 현대 역사학의 본질을 간명하게 설파한 명언으로 잘 알려져 있으나 이 '과거와 현재 사이의 대화'도 부부 싸움과 비슷합니다. 먼저 말을 거는 쪽은 언제나 '현재'입니다.

_전우용, 『오늘 역사가 말하다』

270 | 글로벌시대 속에서의 큰 안목

글로벌시대를 맞이하여 우리의 역사를 우리의 것으로만 보는 것이 아니라 우리의 역사를 통해 세계를 바라보는 시각이 필요하며 반대로 세계사에서 우리의 역사를 바라볼 수 있는 큰 안목이 필요할 때다.

_서경덕, 『당신이 알아야 할 한국사 10』

271 | 전통 사회와 현대 사회의 해결책

전통 사회는 인간 사회를 구성하는 방법에 대한 자연 상태의 실험장이라 할 수 있다. 전통 사회는 인간의 문제를 해결하기 위한 수천 가지 방법을 생각해냈고, 그 방법들은 현대 사회가 채택한 해결책들과 사뭇 다르다.

_재레드 다이아몬드, 『어제까지의 세계』

272 | 작지만 큰 영향력을 행사하다

우리는 이야기의 아주 끝에 등장하지만, 지구를 바꿀 정도의 큰 영향력을 행사하고 있다. 우리는 어쩌면 보다 놀라울 수도 있는 일을 했다. 광막한 우주에 비하면 작을 수밖에 없는 우리의 시점에서, 어떻게 우주가 태어났고 어떻게 진화했으며 어떻게 오늘날의 모습이 됐는지 생각해 냈다.

_데이비드 크리스천·밥 베인, *『빅 히스토리』*

273 | 마리 앙투와네트의 진실

마리 앙투와네트는 농업과 백성들의 생활에 관심이 많았고, 목적지에 빨리 도착하기 위해 소작인들의 밭을 망치는 행동을 거부한 유일한 프랑스 왕실 사람이었습니다. 1784년 겨울에 백성들이 혹독한 고통을 겪는다는 것을 알게 된 마리 앙투와네트는 자신의 돈에서 약 100만 프랑을 절약하여 기부하기도 했습니다.

_이주은, *『스캔들 세계사』*

274 | 인간의 동일한 욕망

1만 년 전이나 지금이나 인간은 동일한 위계를 가진 동일한 욕망을 품고 있다. 사람은 일반적으로 '생리적 욕망'부터 충족한 다음 더 고차원적인 욕망을 충족하려고 한다. 인간 공동체인 국가도 '생리적 욕망'의 충족을 도모하는 데서 출발해 안전, 자유, 존엄이라는 차원 높은 욕망 충족을 향해 나아간다.

_유시민, 『나의 한국현대사』

275 | 하늘과 땅을 두려워하지 않다

조조가 성공한 데에는 적당히 운도 따랐다고 할 수 있지만, 조조는 하늘과 땅을 두려워하지 않은 인물이었다. 예를 들어 조조는 동관(潼關)에서 전투할 때 거의 죽을 뻔했지만, 허저(許褚)가 목숨을 걸고 구해 주어서 살아남을 수 있었다. 그러나 조조는 천명을 믿지 않았다.

_장야신, 『삼국지의 영웅 조조』

276 | 단순한 사실과의 경쟁

근대 도시화에 대한 연구에서 알 수 있는 중요한 진실은 바로 도시의 물리적인 구조는 그 도시의 기능에 의해 정해진다는 것과 오늘날 도시의 가장 중요한 기능은 상업이라는 점이다. 도시계획은 제아무리 선한 의도를 가지고 시도되어도 이런 단순한 사실과의 경쟁에서 늘 지고 말았다.

_피터 윗필드, 『세상의 도시』

277 | 대중이 동일시하는 특수작전

특수작전의 성공이 언제나 화려해 보이는 만큼, 실패는 굴욕적이다. 임무에 참가한 특수부대원들은 국가의 남성성을 상징하는 존재여야 하기 때문이다. 대중은 영화관과 게임 화면에서 본 특수작전과 실제 특수작전을 동일시하는 데 익숙하다.

_유발 하라리, 『대담한 작전』

278 | 신의 섭리와 의지로 회귀하는 것

인간이 신봉하는 이성이 빚어낸 사회와 그 현실은 결코 이성적이지도, 합리적이지도 않았다. 이슬람권의 현실은 더욱 그랬다. 그 속에서 절망한 대중이 인간의 이성이 아니라 신의 섭리와 의지로 회귀하려 한 것은 어쩌면 당연한 귀결일지도 모른다.

_정의길, 『이슬람 전사의 탄생』

279 | 분할된 형태로의 의식 발전

신비적 형태든 진화적 형태든, 종교적 욕구는 좌뇌 의식의 한계를 벗어나기 위한 인간의 시도로 볼 수 있다. 인류는 모든 동물 중 유일하게 세부적인 것에 집중할 수 있기 위해 이러한 분할된 형태의 의식을 발달시켰다.

_콜린 윌슨, 『인류의 범죄사』

280 | 실제 역사의 불균형성

밀수나 해적 활동을 그린 여러 흥미로운 소설이나 영화는 역사를 단순화해서 보기 때문에 꽤 낭만적이긴 하지만, 지정학적으로는 잘못된 환상을 만들어내서 실제 역사가 갖고 있는 명백한 불균형성과 복잡성을 놓치게 한다. _사이먼 하비, 『밀수 이야기』

281 | 역사 논쟁을 통해 발전하다

보수와 진보를 가리지 않고 충분한 연구와 의사소통의 과정이 있었고 단죄해야 할 문제에 대해서는 수십 년이 지나고도 재판절차를 거쳤으며, 사회 문제에 대한 격렬한 고발이 있었고, 국가 주도의 연구 성과에 대해 대중이 기민하게 반응했다. 덕분에 역사 논쟁은 사회적 합의를 이끌어냈으며 그만큼 사람들의 생각은 성숙, 발전하게 되었다. _심용환, 『역사 전쟁』

282 | 인간을 역사의 중심에 세우다

소비 행위에서 인간의 동기와 목적성을 주목하는 것은 한때 큰 관심을 받았던 일상생활사나 미시사의 연장선에서, 구조에 함몰되었던 인간을 다시 역사의 중심에 세우는 작업이기도 하다.

_설혜심, 『소비의 역사』

283 | 죄를 드러내다

근심하고 두려워하던 마음이 조금 진정된 뒤에 지난 일을 생각하면 황송하고 부끄러워 차마 고개를 들 수 없다. 비록 볼만한 내용은 없지만 이로서나마 간절하게 충성을 바치려는 나의 뜻을 보이고 또 못난 신하가 나라의 은혜에 아무것도 보답하지 못한 죄를 드러내고자 한다.

_류성룡, 『징비록』

284 | 역사의 중심에 선 인간

만약에 양심이 사회에 의해 보호되어야 한다면, 그릇된 판단을 허용하는 공간도 반드시 있어야 한다. '양심적으로' 형성된 의도는 존중받을 가치를 지닌다는 점을 강조함으로써, 오컴은 자유가 없으면 도덕적 행위라는 개념 자체가 달라질 수 있다는 점을 암시했다.

_래리 시덴톱, 『개인의 탄생』

285 | 민주적 규범을 떼어놓으려는 노력

마두로, 에르도안, 푸틴, 오르반, 두테르테, 그리고 이 가운데 유일하게 진성 파시스트(True Fascist)의 전형인 김정은은 서로 제각각이지만 그들을 모두 연결하는 고리들이 있다. 그들은 모두 수십 년의 투쟁과 희생으로 생긴 민주적 규범을 지지하는 공감대로부터 그들의 지지자들을 떼어놓으려고 노력한다.

_매들린 올브라이트, 『파시즘』

286 | 전쟁의 공포를 극복할 수 있었던 이유

진영이나 생각은 서로 달라도 20세기 회고록 저자들은 모두 전쟁에서 깨닫고 경험한 최고의 것으로 전우애를 꼽는다. 반전사상이 투철한 회고록 저자들도 대체로 전장에서 남자가 다른 남자에게 품는 심오한 사랑을 깨달은 덕분에 어느 정도 전쟁의 공포를 극복할 수 있었다고 말할 정도다.

_유발 하라리, 『극한의 경험』

PART 6

미래를 움직이는 인문학

#내면 #인간 #인문예술의꽃

인문학(人文學)은 한자 그대로, 인간의 삶, 인간다움, 인간의 근원 등 사람의 본질을 탐구하는 학문이다. 온갖 새로운 기술들이 세계를 지배하는 시대이지만, 머지않아 사람이 중심이 된 세상이 다시 올 것이다. 사람들은 결국 어떻게 살아야 더 의미 있고, 풍부한 삶을 사는가에 대한 욕구를 항상 가지고 있으니 말이다.

최고의 자리에 오른 CEO들도 인문도서 탐독에 몰두하고 있다고 한다. 그들은 인문학이야말로 현명한 삶, 성공을 위한 판단력과 통찰력을 기르는 힘을 가지고 있다는 사실을 알고 있기 때문이다. 인문학을 통해 기른 통찰력이 우리의 삶을 좀 더 창조적인 풍요로 이끌어주는 원동력이 될 것이다.

287 | 나는 비로소 존재한다

'나'는 뇌의 활동입니다. 뇌세포의 집합적 활동 결과로 의식을 생성할 때 비로소 '나'는 존재합니다. 언어와 문화는 뇌작용의 일부입니다. 인간에 이르러 비로소 '생각한다'는 것이 가능하게 된 기원과 우주와 생명의 탄생에서 시작해 감각과 운동, 기억, 느낌, 의식 그리고 창의성에 이르는 전 과정을 탐구합니다.

_박문호, *『뇌, 생각의 출현』*

288 | 포물선을 그리며 사는 인생

오르락내리락 자그마한 상승과 하강을 반복하며 사는 인생도 있지만, 무지하게 진폭이 큰 단 하나의 포물선을 그리며 사는 인생도 있다. 한참을 내려간 사람은 어느 순간 바닥을 치고 나서 다시 한참을 올라갈 것이다. 어쩌면 그런 사람에게는 이제 올라갈 일만 남았을지도 모른다.

_이주은, *『그림에, 마음을 놓다』*

289 | 문제에 삶의 의미가 담겨 있다

현명한 사람들은 문제를 두려워하지 않는다. 사실 문제를 환영한다. 문제에 부딪치고 해결하는 전 과정이야말로 삶의 의미가 담겨 있기 때문이다.

_M. 스캇 펙, *『아직도 가야 할 길』*

290 | 윤리학의 정립

새 시대의 경제학은 윤리학의 안내를 받아야 한다. 경제학의 아버지 애덤 스미스가 윤리학을 쓰고 나서 경제학을 집필한 것처럼 이 시대는 경제학을 바르게 이끌어줄 윤리학의 정립을 요청하고 있다.

_황광우, 『철학 콘서트』

291 | 미지의 세계에 이르는 길

그래도 여동생은 참으로 아름답게 연주에 몰두하고 있었다. 그레고르는 조금 더 앞으로 기어나갔다. 그리고 혹시나 그녀와 눈길이 마주칠 수 있을까 하여 머리를 바닥에 붙이고 있었다. 이렇게도 음악에 감동을 받는데도 그가 과연 동물이란 말인가? 그에게는 마치 자신이 열망하던 미지의 어떤 양식에 이르는 길이 열리는 것 같았다.

_프란츠 카프카, 『변신』

292 | 기독교의 속죄

나는 기독교의 핵심 교리인 속죄가 악의적이고 가학피학적이고 혐오스럽다고 말했다. 또 우리는 그것을 개가 짖는 소리로 치부해야 하지만, 그것에 너무 익숙해져서 객관성이 무뎌져 있다. 신이 우리의 죄를 용서하고 싶다면, 스스로 고문당하고 처형당하는 대가를 지불하지 않고 그냥 용서하지 않은 이유가 무엇일까? 굳이 그렇게 함으로써 먼 미래 세대의 유대인들이 '그리스도 살해자'라고 박해받고 학살당하도록 한 이유가 무엇이란 말인가. 또 그 유전되는 죄는 정액에 담겨 전달되었을까?

_리처드 도킨스, 『만들어진 신』

293 | 나의 의지와 이데올로기

내가 나의 의지, 나의 사상 그리고 나의 열정의 산물이라고 생각했던 것들이 알고 보니, 이데올로기와 각종 문화적인 표본이 반영된 결과물에 지나지 않을 수 있는 것이다.

_리하르트 다비트 프레히트, 『나는 누구인가』

294 | 실존적인 작업

본인이 의식하든 못하든, 독자가 작품에 의해 지시되는 존재 가능성들을 단순히 가능성들로서 내버려 두지 않고 그때마다 각자 자신이 처한 상황에 따라 그것을 자신의 것으로 만드는 실존적 작업을 통해 이루어지는 것이다. 그럼으로써 당신의 삶을 새롭고 풍요롭게 하길 바란다.

_김용규, 『철학카페에서 문학 읽기』

295 | 그대로 받아들이는 것

과거는 아무도 바꿀 수 없습니다. 미래는 아무도 알 수 없습니다. 아무리 해도 바꿀 수 없는 과거, 아무리 해도 알 수 없는 미래를 밝히려고 하는 것은 번뇌이자 망상입니다. 사람의 인생이 예언 덕분에 좋은 방향으로 바뀐 적이 있을까요? 그런 경우는 결코 없었습니다. 우리는 무슨 일이 일어나든 그것을 모두 그대로 받아들일 수밖에 없습니다. 그것만이 우리에게 허락된 일입니다.

_인드라 초한, 『마음 원리』

296 | 루머가 베를린 장벽을 무너뜨리게 하다

하루 전만 해도 베를린 장벽이 무너질 거라고 예상하는 사람은 단 한 사람도 없었다. 동서독의 정치가는 물론, 세계의 정치평론가 누구도, 언론사 기자 누구도 예상치 못했다. 동독 총리가 기자회견 도중 귀찮게 내던진 한 마디, '지금부터'라는 한 마디가 이탈리아 기자의 오보를 타고 대중 속으로 파고 들었고, 풍문에 불과한 소문이 결국 피 한 방울 안 흘리고 베를린 장벽을 무너뜨렸다. 그렇다면 루머와 근거 없는 기대는 피하기만 해야 할까? 오히려 숙고하면서 토의를 거치는 경우와 마찬가지로 강력하고 긍정적인 방법일 수 있지 않을까?

_게르트 기거렌처, 『생각이 직관에 묻다』

297 | 마키아벨리주의자 성향

크게 성공하는 마키아벨리주의자들은 크레치머의 경구처럼 진단을 받기보다는 사람들 속에 숨어서 때를 기다리는 것처럼 보인다. 어떤 일도 자기들에게 유리하게 처리할 수 있는 그들의 특별한 능력, 지배에 대한 끝없는 욕구 그리고 이기적인 무자비성을 보이는 이들은 재주라고는 쥐꼬리만 한 것밖에 갖고 있지 않지만 권력에 대한 아집은 대단하다. 이것은 주어진 사회 구조 안에서 권력의 유대에 더 가까이 가면 갈수록 마키아벨리주의적인 성향을 보이는 사람들을 더 많이 만날 수 있다는 의미다.

_바버라 오클리, 『*나쁜 유전자*』

298 | 마음의 작용

인간의 마음이 하는 일은 매우 다양하지만, 대개 인지, 정서, 의욕의 세 가지 기능으로 요약될 수 있다. 사람이 생각하고, 느끼고, 바라는 까닭은 마음의 작용 때문이다.

_이인식, 『*지식의 대융합*』

299 | 속도의 시대는 끝났다

한국은 남의 제품을 가져다가 새로운 기능을 더하고 비용 효율성을 높일 뿐, 완전히 새로운 아이디어를 내놓는 데에는 부족하다. 한마디로 혁신을 위한 창의성이 중요하지. 외연적 속도를 높이는 경쟁을 하던 시대는 지나갔다는 얘기다.

_진중권, 『호모 코레아니쿠스』

300 | 보편적인 지혜와 단편적인 재능

자신이 추구한 것은 이성에 의거한 추론과 변증을 통해서 알아낸 보편적인 지혜인 반면에, 소피스트들이 추구했던 상대적이고 현실적인 지혜는 자신에게 천부적으로 주어진 어떤 특정한 재능이나 영감을 통해 얻어진 단편적인 것이라 말할 것이다.

_플라톤, 『소크라테스의 변명』

301 | 돈의 의미

자본주의는 개인을 해방시켰다. 자본주의는 인간을 협동적인 조직체로부터 해방시켜 자기 운명을 스스로 개척해 나갈 수 있게 했던 것이다. 이제 인간은 자기 운명의 주인이 되어 위험도 이득도 모두 그의 것이 되었다. 개인적인 노력을 통해 인간은 성공할 수도, 경제적으로 독립할 수도 있게 되었다. 이러한 과정에서 돈은 인간을 평등하게 만드는 위대한 것이 되었으며, 출신과 계급보다도 한층 더 강력한 것이 되었다.

_에리히 프롬, 『자유로부터의 도피』

302 | 소우주의 풍요로움

인류 문화 전체를 대우주라고 볼 때 서점이나 도서관은 그 전체상을 최대한 투영해 놓은 중우주로서 형성된 것이다. 사람은 자기 자신의 소우주를 만드는 일을, 서점이나 도서관에서 몇 권의 책의 독자로서 그 책의 숫자만큼 소세계의 주민이 되는 경험을 쌓으면서부터 시작하는 것이다. 얼마나 많은 책을 읽고, 얼마나 많은 소세계의 주민이 되어 자신을 얼마나 많은 다세계 존재자로 만들었는가에 따라 그 사람의 소우주가 얼마나 풍요로운지 결정된다.

_다치바나 다카시, 『나는 이런 책을 읽어 왔다』

303 | 새로운 삶의 기준을 세우는 것

니체에 따르면, 이처럼 현대 문명은 다수가 문명을 이끌어 갈 소수를 약자라는 이유로 억누르는 모양새를 띠고 있다. … '주인의 도덕'을 따르는 그는, 낡은 가치관을 무너뜨리고 새로운 삶의 기준을 세우며 인류를 이끌어 나간다. 불행히도 니체의 이러한 생각은 히틀러에 의해 완벽하게 왜곡되고 말았다.

_안광복, 『철학, 역사를 만나다』

304 | 차이를 만드는 것

차이를 긍정한다는 것은 다른 사람, 다른 문화의 차이를 인정하거나 그것을 보존하는 게 아니라, 일차적으로 나 자신에 대해 '차이를 만드는 것'이고, 나 자신이 다른 것으로 변이하는 것이며, 이런 이유에서 나와 다른 것이 만나서 나 자신이 다른 무언가가 되는 겁니다.

_이진경, 『철학과 굴뚝청소부』

305 | 딱 한 번 주어지는 것

생명은 누구에게나 딱 한 번만 주어진다. 인생은 그저 시간이 쌓여 만들어진 것이 아니다. 만약 내 인생의 마지막 날을 헛되이 보낸 채 생을 마감한다면 그것은 내 인생 전부를 산산조각 내 버리는 짓이 될 것이다.

_왕징, 『철학의 즐거움』

306 | 정치적 삶과 중용

정치적 삶을 행동하는 삶이라고 부르는 것은 매우 적절하다. 왜냐하면 정치적 삶은 질서와 자유 사이의 공간을 지속적으로 찾아가는 행동으로만 존재하기 때문인데 이것이 바로 정치, 또는 중용이기 때문이다.

_얼 쇼리스, 『희망의 인문학』

307 | 속마음을 꺼내 보면

자신의 속은 겉과 다르고 복잡하다는 걸 남이 이해해주길 바라지만, 사실 사람의 속마음은 원래 복잡한 것이다. 남의 시선 역시 자신의 주관만큼이나 중요하다는 사실을 인식해야 한다.

_송형석, 『위험한 심리학』

308 | 나 자신을 용서하라

설령 모든 것이 내 문제였다 하더라도 나부터 자신을 용서하고 자신을 새롭게 보아야 합니다. 내가 나를 격려해야 새로운 인생이 눈앞에 열립니다.

_정도언, 『프로이트의 의자』

309 | 사건의 편린을 알아가다

홍문연은 2천여 년이 지났지만 여전히 사람들의 입에 오르내리고 있습니다. 사실상 우리 주변에서 일어나는 투쟁은 대개 무척 은밀해 외부인이 그 내막을 제대로 알 길이 없습니다. 그러나 세월이 흐르면서 내막이 하나둘씩 드러납니다. 그렇게 드러난 사건의 편린을 극히 총명한 작가들이 퍼즐을 맞추듯, 사건의 전모를 상상해 책으로 쓰거나 무대로 올려 공연합니다. 우리는 그렇게 알게 된 것입니다.

_한자오치, 『사기 교양강의』

310 | 발명의 정신

이야기를 만들 때 이상으로 이야기를 다룰 때에도 발명의 정신이 필요하다.

_김용석, 『서사철학』

311 | 초인의 철학

니체는 대표작인 〈차라투스트라는 이렇게 말했다〉에서 기독교 사상을 전복시켰다. 그는 신 대신 초인, 신의 은총 대신 권력 의지, 영생 대신 영원 회귀를 창안했다. 이성도 도덕도 무력해지는 권력 의지와 인간의 가능성을 극한까지 실천하는 초인의 철학은 필연적으로 초인에 의한 통치, 더 나아가 파시즘으로 이어졌다. 니체는 민주주의 정치를 격렬하게 공격했다. "본능에 따라 전쟁과 정복에 나서지 않는 사회는 몰락하는 사회이다. 그것은 민주주의와 상인의 통치에 알맞는 사회이다."

_황광우, 『위대한 생각들』

312 | 행동의 세계와 이성의 영역

이처럼 행동의 세계에서 이성의 영역으로, 다시 이성의 영역에서 행동의 세계로 마음을 돌리는 것이 바로 도덕적 사고의 근간을 형성한다.

_마이클 샌델, 『정의란 무엇인가』

313 | 정의로운 사회로 나아가는 길

서로 다른 윤리적, 도덕적 가치가 경쟁할 수 있는 사회, 의견 불일치를 받아들일 수 있는 사회를 만드는 것이 정의로운 사회로 나아가는 첫 번째 단계다. 사회구성원 간의 의견충돌은 동서고금을 막론하고 반복되는 역사의 한 모습이다. 그럼에도 불구하고 공정한 시민사회를 향한 발걸음에서 서로의 다름을 좁히기 위한 치열한 논쟁은 필수불가결하다.

_마이클 샌델, 『왜 도덕인가?』

314 | 나의 약점마저 사랑하라

자신의 취약함과 고통을 인정하지 않고서는 다른 사람의 취약함과 고통에 공감할 수 없다. 스스로 영혼을 가두고 본성을 묶어놓은 상태에선 세상에 참여하는 의미 있는 표현을 할 수 없다. 그런 사람은 자신의 페르소나에 갇힌 수인이다. 그런 상태에서는 어느 누구도 진정한 그의 모습을 알 수 없고 그와 의미 있는 관계를 맺을 수 없다. 고립되고 추방당한 사람과 다름없는 신세가 되는 것이다.

_제러미 리프킨, 『공감의 시대』

315 | 놀라움과 즐거움의 원천

물리학자들은 신무신론자들과는 다르게 그것이 쓸모없다고

생각하지 않는다. 그들은 인간이 해결할 수 없는 문제를 스스로 제기하고 창조되지 않는 실재와 암흑세계와 직면하고 모름과 더불어 사는 것이 놀라움과 즐거움의 원천임을 발견하도록 만들어진 존재인듯하다.

_카렌 암스트롱, 『신을 위한 변론』

316 | 정반대의 결론을 받아들여라

객관적인 시선을 형성하기 위해서는 자신이 내린 결론의 정반대 결론을 받아들여야 한다.

_송형석, 『위험한 관계학』

317 | 스승을 찾아 모여들다

다양한 지역에서 제자들이 특정한 스승을 찾아 모여들었던 이유는 무엇일까? 그것은 춘추전국시대가 탁월한 사인, 즉 현사를 목놓아 고대하던 시대였기 때문이다. 당시는 스승에게 통치와 관련된 지혜를 배워서 현사가 된다면 누구든지 입신양명할 수 있는 시절이었다. 아니면 스승이 제후국의 객경이라도 된다면, 제자들은 스승을 따라 고급 관료로서 입신양명을 기대할 수도 있었을 것이다.

_강신주, 『철학의 시대』

318 | 저항과 협력하라

저항은 진압해야 할 불길이 아니다. 싸워야 할 대상이 아니라 협력해야 할 대상이다. 저항이 고개를 쳐들 때 나는 일종의 승리감을 느낀다. 저항을 억누르기 위한 싸움이 아니라 창조를 위한 싸움에서 느끼는 승리감 말이다.

_에릭 헤즐타인, 『생각의 빅뱅』

319 | 산업화의 바람과 남북전쟁

산업화의 바람은 필연적으로 대지주와 신흥 산업 세력 간의 대립을 불러왔다. 미국의 남부는 거대 농장을 운영하기 위해 흑인 노예가 필요했고, 신흥자본가들은 공장에서 일해줄 대령의 노동자가 필요했기 때문이다. 마침 이때 링컨이 대통령이 되면서 노예해방령을 발표하자 남북전쟁이라는 두 세력 간 전면전이 벌어졌다.

_주현성, 『지금 시작하는 인문학』

320 | 영원히 존재하는 것

첫 번째 형상은 영원하며 비물질적 존재다. 두 번째 이성은 형상을 이해할 수 있다. 세 번째 영원하며 비물질적인 존재만이 영원하며 비물질적인 존재를 이해할 수 있다. 네 번째 그러므로 이성은 영원하며 비물질적인 존재이다. 다섯 번째 이성이 비물질적인 존재라는 것은 곧 영혼이라는 의미다. 여섯 번째 그러므로 영혼은 영원히 존재한다.

_셸리 케이건, 『죽음이란 무엇인가』

321 | 있는 그대로도 괜찮다

좋은 미래를 추구하기보다 좋은 과거를 축적해가는 마음으로 살아가야 한다. 두려워할 필요도 없고 기가 죽을 필요도 없다. 있는 그대로의 자신으로도 괜찮다. 지금이 괴로워 견딜 수 없어도, 시시한 인생이라 생각되어도, 인생이 끝나기 1초 전까지는 언제든지 좋은 인생으로 바뀔 가능성이 있다. 특별히 적극적인 일을 할 수 없어도, 특별히 창조적인 일을 할 수 없어도, 지금 거기에 있는 것만으로도 당신은 충분히 당신답다. 그러니 녹초가 될 때까지 자신을 찾을 필요 같은 건 없다. 그리고 마음이 명령하는 것을 담담하게 쌓아 나가다 보면, 나중에 돌아보았을 땐 저절로 행복한 인생이 되어 있을 것이다. 그리고 우리는 덧붙인다, 죽지 마라.

_강상중, 『살아야 하는 이유』

322 | 변화를 두려워하지 마라

생명을 얻는 것은 우연히 때를 만난 것이고, 그것을 잃는 것은 자연의 변화에 따르는 것이다. 때를 편안하게 받아들이고 변화에 따르면 슬픔도 즐거움도 마음속에 들어올 수 없다. 이 변화함의 세계 속에서 얻는 것이나 잃는 것이 다 변화의 때에 따르는 것이다. 얻었다고 기뻐할 것도 아니요, 잃었다고 슬퍼할 것도 아니다. 사람은 이 천지 만물의 변화함을 이길 수는 없는 노릇이다. 그러므로 변화를 두려워하지 마라. 삶과 죽음조차도 이 변화의 한 과정일 따름이다.

_장석주, 『느림과 비움의 미학』

323 | 존재의 결핍

유사 이래 삶이 오늘날처럼 덧없었던 적은 없었다. 극단적으로 덧없는 것은 인간 삶만이 아니다. 세계 자체도 그러하다. 그 어디에도 지속과 불변을 약속하는 것은 없다. 이러한 존재의 결핍 앞에서 초조와 불안이 생겨난다.

_한병철, 『피로사회』

324 | 노예가 되기 위해 태어난 것이 아니다

밖에서 오든 안에서 오든 우리는 '해야만 한다'나 '하지 않으면 안 된다'와 같은 강요에 굴복하게 되어 있지 않다. 왜냐하면 우리 인간은 노예가 되기 위해 태어난 것이 아니기 때문이다. 만일 우리가 이런 강요에 복종하고 그에 따라 행동한다면 그 행동에는 우리 삶에 생동감을 주는 즐거움이 없다.

_마셜 B. 로젠버그, 『비폭력 대화』

325 | 철학의 본질

위대한 철학자 소크라테스는 왜 죽었는가. 소크라테스는 상대주의의 폐해나 도덕적 타락을 직설적으로 비판하거나 절대주의를 노골적으로 주장하지는 않았다. 그가 선택한 방법은 스스로 깨닫게 하는 것이었다. 이는 대단히 중요한 지점이다. 강요하거나 가르치려 드는 것이 아니라 스스로 문제를 자각하게 하는 것, 이것이 바로 철학의 힘이다. 철학의 본질은 나와 세상의 문제를 '스스로' 깨닫는 것이다. 소크라테스는 바로 철학의 힘을 제대로 보여준 최초의 철학자였다.

_김경집, 『인문학은 밥이다』

326 | 스스로 콘텐츠를 생산할 수 있다는 것

오늘날의 글쓰기는 '문화콘텐츠' 생산 능력을 의미합니다. 매체는 많지만 대중들을 설득할 수 있는 콘텐츠는 그리 많지 않습니다. 제가 '교수'라는 지위에 연연하지 않았던 이유입니다. '대학'과 '교수'는 '사양산업'입니다. 스스로 콘텐츠를 생산할 수 있다면 어디서, 무엇을 하든, 어떻게 일하든 아무 관계 없습니다.

_김정운, 『에디톨로지』

327 | 공부의 힘

공부는 인류 보편의 테마이자 인류 문명의 발전을 가능하게 하는 힘이며, 그 자체가 인류 문명을 이해하는 하나의 문화 코드다. 따라서 공부를 보면 과거의 우리가 보이고 현재의 우리, 미래의 우리가 보인다. 그러므로 아무리 험난하고 힘들어도 공부는 과거에도 그랬고 현재, 미래에도 인간이 가야 할 길이다.

_KBS 공부하는 인간 제작팀, 『공부하는 인간』

328 | 스승을 만나는 일

세상 그 어디에도 홀로 만들어진 사람은 없으며, 그렇기 때문에 일상에 가장 중요한 일은 '스승을 만나는 일'입니다. 자신에게 몇 분의 스승님이 계신지를 돌아보면, 지금 내 인생이 풍요로운지 척박한지를 금방 알 수 있답니다.

_윤소정, 『인문학 습관』

329 | 개인주의 문화의 사회

개인의 다양성을 존중하고 서로 함부로 간섭하지 않고 배려하는 성숙한 개인주의 문화의 사회라면 이들도 충분히 행복할 수 있다. 집단의 강요 없이, 자기가 스스로 선택한 취향이 맞는 작은 인간관계들의 고리 속에서 말이다.

_문유석, 『개인주의자 선언』

330 | 주어진 조건을 변화시키는 것

실천의 경험을 정리하면 이론이 됩니다. 이 이론은 다음 실천의 지침이 되고 동시에 그 진리성이 검증되면서 이론의 발전으로 이어집니다. 이론은 실천과 함께 가는 것입니다. 좌와 우도 다르지 않습니다. 현실을 바꾸어 가는 것이 역사의 기본인 것은 맞습니다. 그러나 주어진 조건 속에서 크게 억압을 느끼지 않고 나름대로 행복하다고 생각하는 사람들은 그러한 조건을 바꾸려는 생각이 없습니다. 주어진 조건이 그들의 기득권을 보장해 주기 때문입니다. 그러나 주어진 조건과 체제가 억압적이라고 생각하는 사람들은 그것을 변화시키려고 합니다.

_신영복, 『담론』

331 | 책임을 묻지 않는 것

평균적인 성적으로 정당한 대우를 받고, 평균적인 소득으로도 인간적인 삶을 영위할 수 있는 경제적 환경이 조성된 사회가 정상임에도 불구하고, 그렇지 않은 사회에게 책임을 묻지 않는다.

_채사장, 『시민의 교양』

332 | 최고의 인생을 산다는 것

어떤 사람이 보람 있는 인생의 선택을 했을까. 다시 태어나도 나는 지금 하고 있는 일을 하겠다는 신념이 있다면 그가 최선의 인생을 산 것이 아닐까 싶다. _김형석, 『백년을 살아보니』

333 | 현실을 살아가는 것

눈을 뜨고 있어도 보지 못하는 사람이 있다. 현실에 발붙이고 있으면서도 현실을 살아가지 못하고 현실 너머의 그 무엇에 정신을 쏟는 사람이 있다. 혹시 내가 그런 사람은 아니었을까. 여행을 마치고 돌아왔을 때, 나는 처음으로 눈을 떴다. 그리고 내가 지금까지 대지 위에 발을 딛고 있었음을 깨달았다. _채사장, 『열한 계단』

334 | 새로운 프레임을 만드는 것

프레임을 새로 조직하는 것은 사람들이 세상을 보는 방식으로 바꾸는 것이다. 새로운 프레임을 만들려면, 새로운 언어가 필요하다. 다르게 생각하려면, 우선 다르게 말해야 한다.

_최진기·서선연, 『최진기의 교실 밖 인문학』

335 | 내 걸음의 속도와 몸짓

한 사람 한 사람 모두 저마다의 걸음걸이가 있고 저마다의 날갯짓이 있어요. 나는 내 길을 가야 하고 이때 중요한 것은 '어제의 자기 자신으로부터 나아가는 것'입니다. 그리고 아직은 정확히 모르는 내 걸음의 속도와 몸짓을 파악해 나가는 겁니다.

_한동일, 『라틴어 수업』

336 | 스스로 생각하는 것

인문학의 기본 출발은 '생각'이에요. 인문학은 출발부터 생각과 함께 합니다. 인간 스스로의 힘으로 생각하기 시작할 때, 이때가 바로 철학의 시작입니다. 바로 인문학의 시작입니다.

_최진석, 『인간이 그리는 무늬』

337 | 함께 비를 맞는 것

아무리 우아한 이론을 가져와도 혐오는 혐오이고, 어떤 낙인을 갖다 붙여도 사랑은 사랑이에요. 그래서 여러분이 혐오로 스스로의 존재를 확인하는 저들보다 더 나은 사람이 될 수 있다고 분명 그럴 거라고 저는 믿어요. 혐오의 비가 쏟아지는데, 이 비를 멈추게 할 길이 지금은 보이지 않아요. 기득권의 한 사람으로써 미안합니다. 제가 공부를 하면서 또 신영복 선생님의 책을 읽으면서 작게라도 배운 게 있다면, 쏟아지는 비를 멈추게 할 수 없을 때는 함께 비를 맞아야 한다는 거였어요. 피하지 않고 함께 있을게요.

_김승섭, 『아픔이 길이 되려면』

338 | 역사의 의미

역사는 아무 일도 하지 않는다. 역사는 엄청난 부를 소유하지도 않고, 어떤 전쟁도 벌이지 않는다. 이 모든 것을 행하고, 소유하고, 싸우는 것은 사람이다. 실제로 살아 있는 사람이다. 역사는 이를테면 사람과 떨어져 있는 것이 아니다. 그래서 사람을 자신의 고유한 목표를 성취하기 위한 수단으로 이용하는 것이 아니다. 역사는 자신의 목표를 추구하는 사람의 활동에 지나지 않는다.

_이진우, 『*의심의 철학*』

339 | 진리를 편편이 보다

지금은 거울에 비추어 보듯이 희미해서 진리는 우리 앞에 명명백백하게 드러나지 않는다. 우리는 이 세상의 허물을 통해 그 진리를 편편이 볼 수 있을 뿐이다.

_김호기, 『*세상을 뒤흔든 사상*』

340 | 욕망이 잠재력을 깨우다

아직 실현되지 않은 잠재력은 감각으로 자극받을 때 실현될 수 있다고 보았다. 무한한 잠재력이 있다 할지라도 감각 자극이 없거나 그 강도가 약하면 그 능력은 발휘될 수 없다. 그래서 우리는 어떤 감각에 자극받아 무엇을 욕망하게 되는지 세밀하게 살펴야 한다. 욕망은 저마다의 잠재력을 깨우는 것이다. 어떤 브랜드에 대한 끊임없는 욕망은 자신의 정체성과 맞닿아 있다. _김동훈, 『브랜드 인문학』

341 | 인류에게 남은 하나의 가능성

일단 한번 등장하여 인류의 역사에 기록된 모든 행위는 그러한 발생이 과거의 일이 되어버린 지 한참이 지난 뒤에도 여전히 하나의 가능성으로 인류에게 남는 것은 인간적 사건들의 본질 속에 놓여 있다. 어떠한 처벌도 범죄의 발생을 예방하는 충분한 억지력을 가진 적이 없었다. 반대로 일단 어떤 특정한 범죄가 처음으로 발생한다면 처벌이 무엇이든 간에 그 범죄의 재출현은 그의 최초의 출현보다도 훨씬 가능성이 높다.

_한나 아렌트, 『예루살렘의 아이히만』

342 | 거인되기

우리는 누구나 꿈을 간직하고 있다. 마음속 깊은 곳에서 울려나오는 소리에 귀를 기울여보라. "나는 남다른 재능을 가지고 있어. 나는 뭔가 남들과 달라. 특별한 방식으로 사람들을 감동시킬 수 있고, 세상을 멋진 곳으로 만들 수도 있어." 변화를 원하지 않는 사람은 운명이 있다고 믿고, 변화를 원하는 사람은 기회가 있다고 믿는다. _앤서니 라빈스, 『네 안에 잠든 거인을 깨워라』

PART 7

꿈과 목표는 어떻게 인생을 바꾸나

#꿈 #목표 #이상 #도전 #버킷리스트

세상에 우연은 없다. 모든 것은 우리의 생각이 만들어낸 결과이다. 생각은 에너지고 에너지는 파장이다. 그리고 파장은 같은 파장을 끌어들인다. 이것이 우리가 잘 아는 '끌어당김의 법칙'이다.

우리가 진정으로 바라는 것들을 끌어당기려면 어떻게 해야 할까? 우리의 생각 전체가 그것이 되어야 하지 않을까? 가장 많이 생각하는 것이 우연처럼 주어질 테니 말이다. 우리가 좀 더 잘 살기 위해 습득하는 수많은 자기혁신과 자기계발은 올바른 목표와 꿈이 있어야 값어치를 가진다.

343 | 가장 중요한 것을 찾아라

만약 당신이 진로나 관계에서 갈림길에 서 있다면, 돈이나 중독 문제로 어려움을 겪고 있다면, 아니면 건강 관리에 애를 먹고 있다면, 나에게 가장 중요한 게 무엇인지 정의하는 것에서부터 변화의 여정은 시작됩니다. 이 땅에서의 시간은 제한적이에요. 당신은 주어진 시간 동안 무엇을 할 건가요? 쉬지 않고 펼쳐지는 소중한 미래를 어떻게 보낼 건가요? _오프라 윈프리, 『언제나 길은 있다』

344 | 다시, 꿈을 꾸다

우리 모두는 본래 꿈꾸는 자였다. 어린 시절, 우리의 마음속은 온통 꿈으로 가득 찼었고, 그로 인해 하루하루 설레고 가슴 벅찼다. 하지만 어느 날인가부터 우리는 꿈 대신 현실을 바라보기 시작했고 그때부터 삶은 팍팍하고 힘겨운 것이 돼버렸다. 이제 우리는 어린 시절의 순수함을 회복해야 한다. 현실을 보는 대신 꿈을 보고, 현실을 믿는 대신 꿈을 믿고, 현실에 얽매여 사는 대신 꿈을 추구하며 살아야 한다. _이지성, 『꿈꾸는 다락방』

345 | 소중하고 작은 의미

자기만의 의미를 발견한 사람은 흔들리지 않는다. 인생의 무게를 감당할 이유를 스스로 찾았기 때문이다. 누구나 저마다의 삶 속에서 의미를 찾을 수 있다. 살아야 하는 이유는 거창한 무언가에 있지 않다. 내 사람을 지키고, 나의 일을 해내며, 내 삶을 좀 더 긍정적으로 보는 힘을 기르는 것. 그리고 가끔 밤하늘의 반짝이는 별을 바라보는 것으로 충분하다. 이런 행위들은 대단히 사소하다. 하지만 모이면 세상을 밝히는 빛이 된다. 우리를 살게 하는 힘은 소박하지만 매우 확실한, 작은 의미에서부터 온다.

_에밀리 에스파하니 스미스, 『어떻게 나답게 살 것인가』

346 | 내가 누구인지 알아가는 시간

많은 사람들이 '자신의 열정을 따르라'는 클리셰를 믿는다. 이건 끔찍한 조언이다. 자신에게 어떤 재능이 있는지는 쉽게 파악할 수 있는 게 아니니까. 배움과 성장을 추구하면서 타인과의 연결을 통해 내가 누구인지를 알아나가는 방법이 지혜롭다. 그러다 보면 귓가에 열정이 다가와 '이제 준비됐어'라고 속삭일 것이다. 열정이 나를 따르게 해야 한다.

_팀 페리스, 『지금 하지 않으면 언제 하겠는가』

347 | 일단 시작하라!

일단 시작하면 계속하기가 쉬워진다. 8km를 달리는 것보다는 우선 집 밖으로 나가는 것이 더 어렵다. 20쪽에 달하는 기획서를 쓰는 것보다 일단 책상에 앉기가 어렵다. 20명에게 전화를 걸어 영업을 하는 것보다 일단 전화기를 집어 드는 것이 더 어렵다. 동기부여가 있어도 시작이 쉬워지는 것은 아니다. 오히려 일단 시작을 해야 끝내야겠다는 동기도 부여된다. _제프 헤이든, 『스몰빅』

348 | 고난과 맞서 싸우는 인생

인생의 목적은 무엇인가. '승리자'가 되는 것, '행복'해지는 것이다. 그렇다면, '행복'은 무엇인가. 그 내용은 '충실감'이다. 그 충실감이라는 바탕 위에 자기 나름의 만족할 만한 영관(榮冠)을 쟁취해야 한다. 그렇다면 '충실감'은 무엇인가. '고난'과 맞서 싸우는 것을 말한다. 고난이 없으면 충실감은 없다. 충실감이 없으면 행복하지 않다. 아무런 고생도 없는 행복은 그 어디에도 없다.

_이케다 다이사쿠, 『인생좌표』

349 | 완벽이 아닌 꾸준한 노력을

완벽한 상태란 불가능하다. 특히 행동 양식에 관한 일인 경우에는 더더욱 그렇다. 완벽하게 겸손한 사람이 어디 있겠는가? 완벽하게 인내심을 발휘하는 사람이 있을까? 완벽하게 경청하는 사람은? 완벽하게 권한을 위임하는 리더가 가능할까? 하지만 그럼에도 불구하고 우리는 더 나아지기 위해 꾸준히 노력해야만 한다.

그렇지 않으면 경쟁력을 잃게 될 위험에 처한다.

_앨런 웨이스·마셜 골드스미스, 『라이프 스토밍』

350 | 창의성과 통찰력의 기본

결국 창조적 능력이나 개성 있는 통찰력은 문제의 본질이 무엇인지 명확하게 파악할 수 있는 직관을 통해 남들과 다르고 새롭게 정의하는 능력이라고 할 수 있다. 우리가 갖고 싶어 하는 창의성과 통찰력은 본질을 더 깊이, 더 명확하게 파악하고 방향성을 가지는 데에서부터 기초한다. 바로 그 지점에서 또 다른 무언가가 나올 수 있는 가능성이 있다.

_KMA리더스모닝포럼 강연자 12인, 『리더의 아침수업』

351 | 운명을 바꾸는 장소

세상에는 내가 사는 곳보다 좋은 곳이 얼마든지 존재한다. 그러므로 그런 곳을 자주 방문하면 된다. 여행을 하든 산책을 하든, 명소를 찾아 그곳에 머무는 시간을 가지라는 것이다. 사람은 여행과 산책에 시간을 많이 할애해야 한다. 아무리 바쁜 사람이라도 어떻게 해서든 시간을 만들어야 한다. 평소 멀지 않은 곳에 있는 명소를 산책하는 습관을 들이고 때로는 먼 곳으로 여행을 해야 한다. 이렇게 하면 운명은 반드시 개선된다. 실제로 나는 운명을 개선하기 위해 이 방법을 썼고 나쁜 운명에서 탈출했다.

_김승호, 『사는 곳이 운명이다』

352 | 인생의 발자취

성공은 거창한 미래의 일이 아니다. 하루를 온전히 살지 못한다면 결코 내가 원하는 모습의 미래는 만들어지지 않는다. 늘 명심하자! 오늘을 아름답게 살아낼 때 내일이 아름다워지는 것이다. 그리고 그렇게 하기 위해 오늘 하루를 어떻게 살았는지 자신의 모습을 돌아보아야 한다. 인생길에는 늘 내가 걸어온 발자취가 남아 있다. 어떤 발자취를 남기는가에 따라 미래도 결정된다.

_안성우, 『트라이 에브리씽』

353 | 인생은 후반기부터

"끝이 아름다우면 모든 것이 아름다운 법."이라고 했던가? 나처럼 인생의 전반기에 성공, 보람 그리고 행복보다 비운, 실패 그리고 회한을 더 많이 남긴 사람들에게 100세 시대는 가뭄 끝의 단비 같은 복된 소식이다. 삶의 후반기를 성공으로 채움으로써 결과적으로는 삶 전체를 성공으로 둔갑시킬 수 있는 시간을 벌게 되었기 때문이다. 이 얼마나 다행스럽고 가슴 설레는 일인가?

_강헌구, 『골든 그레이』

354 | 직관의 힘

몸이 낼 수 있는 육체의 속도는 나이와 함께 쇠락해가지만, 오랜 시간 동안 단련된 몸의 감각들은 연륜이 쌓일수록 가속도가 붙는다. 그리고 그 속도가 극점에 다다르는 순간, 감각은 나의 이성적 판단을 넘어 커다란 안테나를 펼친다. 그랬을 때 감각은 하나의 기교를 넘어 세상과 소통할 수 있는 직관의 힘으로 성장한다.

_신기율, 『직관하면 보인다』

355 | 가치 있는 인생을 위하여

당신은 돈을 벌기 위해 이 땅에 태어났는가? 당신은 삼성이나 구글에 입사하기 위해 이 땅에 태어났는가? 아니면 가치 있는 인생을 살기 위해 태어났는가? 답은 분명하다. 내 인생의 올바른 방향과 참된 목적은 '가치 있는 인생'이다. 남들이 흥분하고 열광해주고 부러워하는 일이나 직장이 아니라, 당신이 흥분하고 감동하고 열광할 수 있는 가치 있는 시대적 소명을 찾는 것이야말로 당신이 성공으로 가는 지름길이다.

_최윤식·최현식, 『최윤식의 미래준비학교』

356 | 성공을 붙잡을 열쇠

나는 '성공은 당신 곁에 오래 머물지 않는다'고 자신 있게 말할 수 있다. '실패'라는 놈은 한 번 붙으면 좀처럼 떠나지 않지만 '성공'이라는 놈은 늘 당신 곁을 떠날 준비를 한다. 끝까지 성공하고 싶다면 열정을 가져라. 열정만이 당신의 성공을 지켜줄 것이다. 열정을 잃었다면 아무것도 기대하지 마라.

_강수진, 『나는 내일을 기다리지 않는다』

357 | 막연한 희망이 아닌 오늘

지금 이 순간을 즐기지 못하는 사람은 과거의 생활습관, 편리함, 안주, 그리움, 퇴행심리가 있다 보니 과거에 집착하고 과거에서 못 벗어난다. 그리고 그것이 결심의 발목을 잡게 된다. 미래에 대한 막연한 희망도 마찬가지다. 막연한 희망이란 '마지막 순간이 되면 잘될 거야, 엄청난 괴력을 발휘할 거야.'라는 착각을 일으키지만, 이런 막연한 희망이 아니라 하루하루를 알차게 충실하게 보내면서 준비된 미래는 다르다.

_최창호, 『결심중독』

358 | 마음에서 찾는 진리

세상은 원래 단순하고 평범한 것인데, 복잡하고 다채롭다고 말하는 순간 어지러워지기 시작한다. 그러니 복잡한 것을 단순화하는 방법을 익히고 삶의 진면목을 되찾아야 한다. 물론 단순하다고 해서 조악하고 허술한 것은 아니다. 이는 세계의 출발점이자 인생의 정수(精髓)이다. 이 단순함의 진리는 물질보다는 정신에서, 육체보다는 마음에서 찾을 수 있다.

_쑤쑤, 『멈추어야 할 때 나아가야 할 때 돌아봐야 할 때』

359 | 은퇴는 나중에

"돈을 벌면, 혹은 사업에서 성공을 거두면 서른 살에 은퇴할 거야"라고 말하는 이들이 많다. 그런 일은 좀처럼 일어나지 않는다. 그런 큰 꿈과 비전을 품고 그런 추진력으로 뭔가 놀라운 일을 이루어낸 사람은 그저 누워 쉬면서 은퇴 생활을 하려는 유형의 사람이 아니기 때문이다.

_론다 번, 『히어로』

360 | 기다림의 미학

초조하게 뭔가를 바라는 사람은 너무 많은 기력을 미리 소진한 탓에 바라는 것을 얻어도 충분한 만족을 얻지 못한다. 반면 스스로가 바라는 행복을 기다릴 수 있는 사람은 그것이 끝내 찾아오지 않더라도 절망의 길을 선택하지 않는다.

_발타자르 그라시안·라 로슈푸코·라 브뤼예르, 『필요한 사람인가』

361 | 자신만의 목적과 신념

자신이 어떤 업계에 속해 있든 자신만의 고유의 목적과 명분, 신념으로 돌아가야 변화하는 흐름에 적응하는 일도 가능해진다. 그러니 "피 튀기는 경쟁상황에서 무엇을 해야 할까?"라고 묻는 대신, 이렇게 물어야 한다. "애초에 우리는 왜 이 일을 시작했는가? 오늘날의 기술 변화와 시장 상황을 고려할 때, 우리가 추구하는 목적과 대의가 진정 빛을 발하도록 하려면 무엇을 어떻게 해야 하는가?"

_사이먼 사이넥, 『나는 왜 이 일을 하는가?』

362 | 꿈은 두 발로 키워가는 것

남보다 1시간 더 하는 것, 1페이지 더 써내는 것, 남들이 찾지 않는 것을 찾는 것 등 남과 다른 것을 해내야 실행력에 자신감이 생긴다. 다른 사람이 한 만큼만 하면 안도감이 생길 뿐, 자신감이 커지지는 않는다. 0.1%라도 남과 다른 노력이 추가되어야만 그것이 모였을 때 남보다 더 많은 데이터, 더 양질의 데이터를 쌓을 수 있다. 그리고 결국 그 데이터를 재료 삼아 가장 나다운 꿈을 만들 수 있다.

_김미경, 『김미경의 드림 온』

363 | 인생은 하나의 실이다

인생은 본인 자신이 창조하거나 망치는 것이지, 이웃이나 어떤 외부환경에 의해서 좌우되는 것이 아니다. 각자가 행하는 하나의 생각, 하나의 행동은 인생이라는 옷 속에 짜여 들어가는 또 하나의 실이다. 그리고 환경은 나약한 사람들에게는 엄한 감독감이며, 상한 사람에게는 순종적인 하인이다. _제임스 알렌, 『원인과 결과의 법칙』

364 | 연습, 또 연습

자신만의 색깔을 찾기 위해 무명 개그맨 유재석은 '리모컨 공부법'을 개발했다. MC들은 어떻게 게스트의 대답을 유도하고 게스트는 어떤 대답을 해야 방송이 재밌어지는지 연구하기 위해 인기 예능 프로그램을 녹화한 것이다. 질문과 대답 바로 직전에 리모컨으로 화면을 정지시키고 자신이 말을 한 후 원래 출연자와 맞춰보는 공부를 한 것이다. 그렇게 그는 자신만의 대화법을 차곡차곡 쌓아가기 시작했다. _신명진, 『나를 꿈으로 이끄는 한마디』

365 | 희망 때문에 죽고, 희망 때문에 살다

재미있는 것은 '희망+절망=100'이라는 것입니다. 희망이 50이면 절망이 50이며, 희망이 0이면 절망이 100입니다. 이때 사람은 죽습니다. 자살하는 사람은 가난해서, 먹고 살기 어려워서, 돈 때문에 죽는다고 생각하면 착각입니다. 사람은 희망 때문에 죽는 것입니다. 희망이 없다고 생각해서 죽는 것입니다. _송진구, 『The 희망』

366 | 두 번째 효과

사람들은 자신의 말을 어기는 모습을 다른 사람들에게 보이기 싫어한다. 그래서 과거에 한 말이나 약속 즉, "표준"에 대해 물어보면 대부분 이를 따르고자 하는 경향이 있다. 또한 이 방법은 상대방을 긴장시켜 그들이 표준을 어기는 일을 줄이는 두 번째 효과를 낳기도 한다. _스튜어트 다이아몬드, 『어떻게 원하는 것을 얻는가』

367 | 세상을 사랑하다

내가 남들을 미워하고 세상을 원망하면 할수록 불행과 고통이 되돌아왔다. 당연한 결과다. 내가 세상을 저주하는데 세상이 내게 축복을 내릴 리가 없지 않은가. 그러나 내 마음이 감사와 겸허로 채워지면서 엉켜 있던 실타래가 풀리듯 세상일이 하나둘씩 풀리기 시작했고, 전혀 생각지도 못했던 훨씬 더 멋진 삶을 살기 시작했다. _김수영, 『멈추지 마, 다시 꿈부터 써봐』

368 | 아직 만나보지 못한 꿈들

우리는 함께 꿈꿨고 함께 꿈을 이루었다. 나 자신과의 약속, 우리 모두의 약속을 위해 한계를 뛰어넘은 것이다. 세상에는 아직 내가 만나보지 못한 꿈들이, 소중한 인연들이 얼마나 많을까? 앞으로 얼마나 더 많은 꿈을 현실로 만들까? 얼마나 많은 삶의 기적들을 경험하게 될까?

_김수영, 『당신의 꿈은 무엇입니까』

369 | 존재 이유 찾기

모든 기업에는 자신만의 존재 이유, 즉 빅 픽처가 있다. 페이스북은 왜 만들어졌나? 농심이라는 회사는 이 세상에 왜 존재하는가? 신라면과 새우깡을 팔려고? 아니다. 농심의 목표는 고객의 건강이다. 현대·기아자동차의 빅 픽처는 무엇인가? 소나타와 K시리즈를 많이 파는 것만은 아닐 터다. 더 좋은 기술을 개발해서 인류 사회에 이바지하는 것이다. 한마디로 빅 픽처는 우리의 존재 이유를 찾는 것이다.

_전옥표, 『빅 픽처를 그려라』

370 | 시詩처럼 산다

우리는 사람에 집중하자. 긍정적 진화의 기준은 마음대로 할 수 있는 자유의 양이 얼마나 늘었는지, 또 숨겨진 힘을 얼마나 밖으로 잘 드러낼 수 있었는지 이다. 이를 지표로 삼아 평가해보자. 내가 통합된 더 큰 나를 만들어내는 것이 우리의 10년 프로젝트다. 자신의 인생을 시(詩)로 만들어내는 것보다 더 아름다운 사업이 있겠는가? '시처럼 산다.' 이것이 우리의 목표다.

_구본형, 『구본형의 마지막 편지』

371 | 너무도 잘 산 인생이란

나는 이렇게 생각한다. 우리가 한평생 가장 잘 살았다고 말할 수 있는 인생은 자신이 처한 환경을 극복한 삶이 아니다. 인간승리 드라마가 아니다. 좌절하지 않는 삶이 아니다. 그것은 나에게 주어진 환경 때문에 행복했다거나 불행했다고 생각하지 않는 삶이다. 그 누구 때문에 행복했다거나 불행했다고 생각하지 않는 삶이다. 그렇다면 그 인생은 너무도 잘 산 인생이다.

_김경수, 『미쳤다는 말을 들어야 후회 없는 인생이다』

372 | 방황하는 것

인생에서 방황은 곧 시행착오일 뿐인데 우리는 이것을 죄악시하곤 한다. 방황은 죄악이 아니다. 인간에게 방황이 없다는 것은 나아가려는 의지가 없다는 말과 같다. 인간은 욕망하는 동물이며, 그 욕망은 더 나아지려는 의지의 원동력이기 때문이다. 방황은 한계를 극복하기 위한 실험이며 그것을 넘어선 것이 성취다.

_박경철, 『시골의사 박경철의 자기혁명』

373 | 성공의 나무를 키워라

성공이란 한 그루 나무와도 같은 것이다. 나무에는 수천 개의 이파리들이 있고, 네가 내딛는 한 걸음 한 걸음이 마치 네 성공의 나무에서 새롭게 돋아나는 이파리와 비슷하단다.

네가 들인 노력에 대해 생각해 보거라. 네가 삶을 위해 흘리는 그 힘겨운 땀방울을 생각해 보렴. 때로 그 노력이, 네게 응당 주어져야 할 성공을 가져다주지 못할 수도 있다. 하지만 결국 마지막에 가서는 머리에서 흘러내리는 네 노력의 땀방울이 넘쳐나서 결국은 성공의 결실을 가져다줄 것이다.

_마크 피셔, 『인생의 고난에 고개 숙이지 마라』

374 | 지혜와 꿈

정확하고 폭넓은 정보 그리고 이의 발효물인 '지혜', 이것이야말로 꿈을 조절해 주는 '조정자'다. 그러므로 나에게 꼭 필요한 정보를 선별하고 그 정보를 온전히 소화해내어 지혜로 법제해 놓을 일이다. 그것이 씨앗을 내리면 거기서 꿈나무가 자라난다.

_차동엽, 『무지개 원리』

375 | 주도적인 삶

우리 아버지는 당신이 직접 실천해보지 않은 것은 가르치지 않았습니다. 그는 '주도적인 삶'의 스승이었습니다. 우리는 자랄 때 변명을 하거나 우리의 잘못에 대해 환경이나 친구나 선생님을 탓하는 것이 허용되지 않았습니다. 우리 입장에서는 실로 속상했는데, 오로지 "해내라" 혹은 "다른 식으로 대응하라"고 교육받았습니다.

_스티븐 코비, *『성공하는 사람들의 7가지 습관』*

376 | 인생 등반

산의 정상에 오르기 위해서는 골짜기를 지나야 하며, 오아시스를 만나기 위해서는 사막을 건너야 한다. 나아가 무지개를 보기 위해서는 먼저 비를 맞이해야 하며, 화려하고 예쁜 꽃을 보기 위해서는 혹독한 겨울을 보내야 한다. 이렇듯 좋은 날을 맞이하기 위해서는 힘들고 고통스러운 날을 먼저 만나야 한다.

_김이율, *『가슴이 시키는 일』*

377 | 꿈을 배척하는 논리

육체는 숨이 끊어질 때 죽지만 영혼은 꿈이 사라질 때 죽는다고 한다. 꿈을 잃는다는 것은 자기다움을 잃는 것이다. 그래서 사람은 어떤 경우에도 꿈을 잃으면 안 된다. 그리고 그 꿈을 박대해서도 안 된다. 그것은 자기다움을 배척하는 것과도 같다. 사람들은 흔히 이성, 즉 논리로 꿈을 박대한다. 마치 내가 1990년 가을 일주일 동안 혼자서 골프를 치면서 한국행 꿈을 포기하자고 결정할 때 사용했던 도구가 바로 논리였듯이, 논리에 의해 박대당한 영혼은 불행하다.

_전성철, 『꿈꾸는 자는 멈추지 않는다』

378 | 목표는 찾아내는 것이다

대부분의 사람들은 하고 싶은 일이 어디선가 저절로 솟아난다고 믿는 것 같다. 하지만 그런 생각은 애초부터 크게 잘못 됐다. 하고 싶은 일은 '찾아지는 것'이 아니라 '찾아내는 것'이기 때문이다. 처음부터 적극적으로 찾아 덤비지 않으면 백날이 지나도 결코 찾지 못한다.

_나카무라 마사토, 『오늘이 마지막 날이라면』

379 | 엄마의 꿈

꿈과 함께 걸어오다 보니 상상치도 못했던 골든타임을 맞이하게 되었다. 골든타임은 마치 이미 예정된 선물처럼 날 기다리고 있었다. 누구에게나 골든타임이 있다. 첫발을 떼는 출발점에선 불안과 좌절투성이지만 결국엔 만나게 된다. 비록 응원받지 못하는 꿈일지라도 아내의 꿈은 무죄다. 아이 엄마가 무슨 꿈 타령이냐고 책망해도 다시 가슴 뛰게 하는 엄마의 꿈은 무죄다.

_김미경, 『꿈이 있는 아내는 늙지 않는다』

380 | 분명한 꿈과 의지

간절히 바라면 반드시 이루어진다. '어떻게 해서라도 이렇게 되고 싶다'고 간절하게 바라면 그 생각이 반드시 그 사람의 행동으로 나타나고, 행동은 생각을 더욱 간절하게 한다. 하지만 그 간절함은 분명하지 않으면 안 된다. 막연한 간절함이 아닌 '반드시 이렇게 하고 싶다', '이렇게 되지 않으면 안 된다'라는 의지와 다짐이 분명한 간절함, 그런 꿈이 아니면 안 된다.

_이나모리 가즈오, 『왜 일하는가』

381 | 안정보다 변화

'이 정도면 됐어'라며 그 자리에 멈춰서 있으면 안정감을 지속하고 싶어지고 그러다 보면 계속해서 앞으로 나아갈 수 없어집니다. 나는 정말 죽을 만큼 노력하는데 왜 제자리에 멈춰서 있다는 것일까요. 서른은 안정보다 변화를 선택해야 하고, 선택할 수 있는 마지막 시기입니다.

_아리카와 마유미, 『서른에서 멈추는 여자, 서른부터 성장하는 여자』

382 | 확실한 목표

내가 여기서 하려는 이야기는 분명하고도 확실한 목표 설정이다. 이게 없으면 아무것도 안 된다. 한 발짝도 앞으로 나아갈 수 없다. 앞에서도 말했지만 그냥 열심히 노력하는 것만 가지고는 안 된다. 다들 노력하면서 산다. 문제는 목표다. 어떤 목표를 세우고 거기에 노력을 집중하느냐 하는 것이 관건이다. 목표를 확실하게 정한 뒤 10미터를 더 뛰면 어느새 42.195킬로미터를 완주할 수 있는 것이다.

_김영식, 『10미터만 더 뛰어봐!』

383 | 운도 때로는 받아들여야 한다

운이 성공에서 차지하는 비중은 흔히 생각하는 것보다 훨씬 큽니다. 그렇지만 학교에서는 운에 대해 말하려 하지 않고 노력으로 모든 것을 이룰 수 있다고 가르칩니다. … 온 힘을 다해 노력해보아도 뜻대로 되지 않을 때는 운이 없다는 것 말고는 설명할 길이 없습니다. … 이것이 현실이고, 그렇다면 받아들여야 합니다.

_탁석산, 『성적은 짧고 직업은 길다』

384 | 변화는 생각하기 나름

사람들은 흔히 변화가 우리에게 낯설다는 이유로 변화 자체를 거부한다. 또 변화가 필요함에도 불구하고, 위험하다는 핑계를 대며 마지막 순간까지도 수용하려 들지 않는다. 그러나 생각이 바뀌면 행동도 바뀌게 되고 이 모든 것은 생각하기에 달려 있다. 허는 험난한 여정을 통해 이러한 사실을 하나하나 깨우쳐가고 있는 것이다.

_스펜서 존슨, 『누가 내 치즈를 옮겼을까?』

385 | 과거 수업

과거에 어떤 일이 일어났는지 돌아보라. 과거에서 소중한 교훈을 배워라. 그리고 배움을 통해 더 나은 현재를 만들어라. 과거를 바꿀 수는 없다. 하지만 과거에서 배울 수는 있다. 다시 똑같은 상황이 벌어지면 우리는 다르게 행동할 수 있고 더 즐겁게 현재를 살 수 있다.

_스펜서 존슨, 『선물』

386 | 목표의 중요성

목표의 중요성을 알아보기 위해서 하버드 대학에서는 재학 중인 학생을 대상으로 조사했습니다. 그 결과, 전체에서 단 3%의 학생만이 명확한 목표를 갖고 있었습니다. 그리고 몇 년 후의 조사에서는 명확한 목표를 기록했던 전체의 3%에 해당하는 학생들의 수입이 나머지 97% 전원의 수입을 합한 것보다 10배는 많다는 결과가 나타났습니다. 목표를 종이에 써놓기만 한 사람과 그것을 반복해서 보는 사람 간의 차이는 더욱더 큽니다.

_모치즈키 도시타카, 『보물지도』

387 | 우리 마음속의 행복

우리는 행복과 불행의 중간 어디쯤에 항상 서 있다. 발걸음이 불행으로 향할 때 내가 지금 어디에 있는지를 살펴보라. 불행이 당신을 잡아 끌 때 더 나은 삶을 위해 행복으로 방향을 틀어라. 그러면 그것은 나에게 다가온다. 그러나 사실 행복을 찾기 위해 이리저리 뛰어다닐 필요는 없다. 행복은 이미 우리 마음속에 있기 때문이다.

_리처드 칼슨, 『행복에 목숨 걸지 마라』

388 | 소망을 믿어야 한다

인생은 원하는 만큼 준다. 하지만 단순히 바람을 가지는 것과 소망을 현실의 것으로 받아들일 마음의 준비를 하는 것은 근본적인 차이가 있다. 소망이 반드시 실현될 것을 마음으로 믿지 않는 한 그것을 받아들이는 마음의 준비를 할 수 없다. 즉, 희망이나 기대가 아닌 신념을 갖는 것이 중요하다. 동시에 항상 마음의 여유를 가지려 하는 것도 중요하다. 신념은 물론이거니와 성의와 용기도 마음이 초조하면 발휘하기 어렵다.

_나폴레온 힐, 『놓치고 싶지 않은 나의 꿈 나의 인생』

389 | 마지막까지 확실히

우물을 파내려가다가 한 삽의 흙만 더 파내면 물이 샘솟는데 멈춰버리고 만다. 고생은 고생대로 하고 마지막 작은 일 하나를 견디지 못하여 그동안 쌓아 놓은 공든 탑을 일순간에 무너뜨린다.

_조용상, 『생존력』

390 | 뺄셈의 행복

'삶의 진리를 사칙연산으로 풀이할 수 있습니다. 기본은 덧셈과 뺄셈입니다. 우리가 처음 수학을 익힐 때와 같습니다. 덧셈, 우리는 스스로에게 부족한 것들을 찾아내어 끊임없이 더해갑니다. 그래서 나날이 발전하는 것이죠. 뺄셈. 기대와 욕심을 덜어낼수록 우리의 마음이 가벼워집니다. 행복을 위해 우리가 가장 주력해야 할 부분은 뺄셈입니다.'

_한상복, 『재미』

391 | 부정적인 생각 바꾸기

부정적인 생각은 우리가 불평하기를 통해 온 세상에 심는 씨앗이다. 그러면 온통 잡초가 생겨날 것이다. 그러니 당신의 생각을 경계하면서 보호해야 한다. 다른 사람들의 부정적 태도나 '뉴스'로부터 그 생각을 대피시켜야 한다. 지금부터라도 당신의 파괴적인 말을 건설적인 말로 바꾸어라. 당신의 생각이 당신의 삶을 만들고, 당신의 말이 당신의 생각을 드러낸다.

_윌 보웬, 『불평 없이 살아보기』

392 | 새로운 열정

외부의 시선, 남들의 평가가 아니라 자신의 내부에 있는 열정을 따라 살아갈 때 사람들은 진정으로 행복해진다. 만약 상황 때문에 부득이하게 자신의 열정을 가슴에 묻어둔 채 살아가는 젊은이가 있다면 지금이라도 늦지 않았다. 나는 예순의 나이에 새로운 열정을 찾았다. 꿈을 향해 다시 한 번 달려보라. 꿈과 열정이야말로 성공의 문을 여는 열쇠일 것이다.

_김윤종, 『꿈, 희망, 미래』

393 | 연습과 실수의 힘

심층 연습은 역설을 바탕으로 한다. 바보 같아 보일 만큼 수없이 실수를 허용할수록, 즉 정확한 목적에 맞는 노력을 기울이면서 끈질기게 물고 늘어질수록 더 많이 향상된다. 혹은 약간 다르게 표현하자면, 속도를 늦추고 실수를 하면서 그 실수를 교정하는 의도적인 과정을 되풀이할수록 결국은 본인도 깨닫지 못하는 사이에 점점 더 민첩하고 우아한 스킬을 습득한다.

_대니얼 코일, 『탤런트 코드』

394 | 단 하나뿐인 존재

온리 원은 외톨이를 의미하는 것이 아니라 이 세상에 하나밖에 없는 생명의 귀함, 그리고 그 독립적 가치인 자기 삶의 결을 뜻합니다. 여러분은 목숨을 걸고 그 어둡고 좁은 산도를 지나 이 세상에 태어난 생명들입니다. 누가 명령한 것이 아니라 자신이 스스로 세상에 나올 날짜와 시간을 정한 것입니다. 생명이, 출산이, 이미 독창성을 지닌 것 아닙니까.

_이어령, 『젊음의 탄생』

395 | 유목민의 눈이 비추는 길

진짜 변화가 일어나는 곳은 바로 우리의 내적 세계 안에서이다. 우리는 스스로 유목민이 된다. 변화의 사막을 건너는 방법을 알고 있는 유목민을 내 안에서 발견하는 것이다. 눈이 어두움에 적응하면 내 안에 있던 유목민의 눈이 환하게 앞을 비추어 나아가야 할 길이 보일지도 모른다.

_스티브 도나휴, 『사막을 건너는 여섯 가지 방법』

396 | 명확한 신념과 목표

신념은 사람이 생각하고 믿을 수 있는 것은 모두 성취할 수 있게 만든다. 따라서 당신이 신념을 가지고 싶다면, 먼저 무엇을 원하는지부터 결정해야 한다. 또한 신념이란 명확한 목표가 밖으로 표출된 것이므로, '대충 쓸어 덮는' 식의 신념은 존재하지 않는다는 점을 명심하라.

_나폴레온 힐, 『*생각하라! 그러면 부자가 되리라*』

397 | 지금을 즐겨라

지금 살아야 한다는 것은, 무슨 일을 하든 그 일 자체를 즐겨야지 그 결과에만 매달려서는 안 된다는 뜻이기도 하다. 만일 앞 베란다에 페인트칠을 하고 있다면 한 번 붓질할 때마다 그 자체가 즐거울 수 있어야 하고, 자신의 볼을 스치는 산들바람을, 나무에서 지저귀는 새들을, 그 외의 주변에서 일어나는 일들을 느낄 수 있어야 한다.

_앤드류 매튜스, 『*즐겨야 이긴다*』

398 | 실패와 좌절을 만나더라도

내면의 소리에 따라 최상의 삶을 살고자 할 때 우리는 반드시 "위험"이라는 장애물을 넘어야 합니다. 위험은 기회를 현실로 만들어 주는 필연적인 경로이기 때문입니다. 그리고 제아무리 분석하고 예측한다 해도 그 위험을 지날 때, 누구나 실패를 맛보게 됩니다. 그러나 실패가 쓰다고 그 맛을 보지 않는다면 인생이 주는 소중한 선물을 마다하는 것과 다를 바가 없습니다. 우리는 인생의 어느 순간 반드시 실패와 좌절을 만납니다. 그러나 실패라는 나그

네를 피하려고 여행 자체를 포기하는 것만큼 어리석은 일은 없습니다.

_스튜어트 에이버리 골드, 『Ping 핑』

399 | 차근차근 한 걸음씩

한꺼번에 많이 먹는 밥은 체하게 마련이고, 급하게 계단을 두 개씩 올라가다 보면 금방 다리가 아파 얼마 못 가고 포기한다. 모든 이치가 다 똑같다. 차근차근 한 걸음, 한 걸음, 내딛다 보면 벌써 내 수준은 저만큼 가 있다. 이것이 바로 노력하는 사람과 안 한 사람과의 차이이며 이것이 바로 공부였다.

_김규환, 『어머니 저는 해냈어요』

400 | 지상에 낙원을 만드는 일

아무리 강한 동기를 갖고 있다 해도 테이블은 만들지 못할 것이다. 여러분은 설계도를 만드는 법과 함께 기본적인 훈련을 받아야 할 것이다. 세계를 변화시키는 것도 마찬가지다. 지상에 낙원을 만드는 일은 그 방법을 배우지 않으면 불가능하다. 그렇다고 긴장할 필요는 없다. 지상에 낙원을 만드는 일은 시험도, 많은 시간이 소요되는 강의도 필요 없다. 다만 필요할 때마다 책임지고 정보를 찾아보면 된다.

_대니 서, 『작은 실천이 세상을 바꾼다』

PART 8

나의 시간을 내가 지배하는 법

#자기관리 #시간 #습관 #아침형인간
#마인드컨트롤 #얼리버드

사람들은 자신의 독자적인 성장보다는 항상 다른 사람과의 비교 우위를 목표로 하는 성향이 있다. 그래서 '항상 목표'보다는 '성과 목표'를 정하고 어떤 선에 도달하려고 한다. 그리고 그러지 못했을 때 패배감, 열등감을 느끼게 된다. 비록 그 목표를 달성하지 못했을지라도 과정에서 자신이 성장하는 부분을 간과하게 된다.
하지만 다른 사람들과의 경쟁보다 더 중요한 것은 나를 이기는 것이다. 그 승리는 나의 선을 계속해서 넘어갈 때 찾아온다. 성장을 통한 승리를 이룰 때 경쟁에서도 승리할 수 있다. 꾸준한 시간관리야말로 성장의 지름길이다.

401 | 불안에서 벗어나는 방법

당신이 두려움과 불안을 벗어나지 못하는 것은 삶을 너무 타인에게 맡기고 있기 때문이다. 당신이 진정 원하는 것과 향하는 곳을 알면 타인의 중요성은 뚜렷하게 약해진다.

불안에서 벗어나는 가장 좋은 방법은 지금 이 순간의 좋은 일에 감사하는 것이다. 모든 것은 끝이 있고 모든 것은 사라진다는 것을 알아차려야 한다. 규칙적으로, 의도적으로 잠깐씩 멈춰 서서 그 사실을 즐길 줄 알아야 한다.

_팀 페리스, 『타이탄의 도구들』

402 | 성공하기로 결심하다

성공하는 사람들은 성공을 희망하지 않는다. 성공하기로 결심한다. 그리고 효과적으로 달성하기 위해서는 시스템이 필요하다. 성공에는 늘 대가가 따르지만, 그 대가에는 협상의 여지가 있다. 당신이 올바른 시스템을 선택한다면, 생각보다 적은 대가로도 충분하다. 성공하기 위해 많은 노력을 해야 한다는 사실을 바꿀 수는 없다. 하지만 당신이 목표보다 시스템이 지닌 힘을 제대로 깨닫는다면, 성공에 따르는 대가는 적어질 것이다. 한번 해볼 만한 정도로 말이다.

_스콧 애덤스, 『더 시스템』

403 | 반복되는 습관

습관은 복리로 작용한다. 돈이 복리로 불어나듯이 습관도 반복되면서 그 결과가 곱절로 불어난다. 어느 날 어느 순간에는 아주 작은 차이여도, 몇 달 몇 년이 지나면 그 영향력은 어마어마해질 수 있다. 2년, 5년, 10년 후를 생각해보라. 좋은 습관의 힘과 나쁜 습관의 대가는 현저한 차이를 드러낼 것이다. 그러나 매일 이것을 느끼고 감사하기엔 어려울 수도 있다. 우리는 작은 변화들을 무시한다. 그 순간에는 그리 중요하게 보이지 않기 때문이다.

_제임스 클리어, 『아주 작은 습관의 힘』

404 | 머릿속의 선을 지워라

살면서 해도 되는 일과 안 되는 일의 구분은 오직 내 머릿속의 선으로만 나뉘는 거다. 법을 어기거나 다른 사람에게 피해가 가는 일이 아니라면 그 선을 지우고 그냥 해보면 되는 거다. 해보기 전에는 절대 결과를 알 수 없으니까. 다른 사람들이 나를 거절할지라도 내가 나에게 줄 수 있는 기회까지 없애서는 안 된다. 할 수 있다는 마음에서부터 그에 걸맞은 아이디어도 떠오르는 게 아닐까.

_윤희철, 『일단 시작하는 힘』

405 | 30분 차이

30분의 차이는 출근길을 180도 다르게 한다. 30분 먼저 출근하면 회사에 도착하는 시간은 최소 50~60분 빨라진다. 이른 시각이라 러시아워에 걸릴 까닭이 없다. 그뿐인가. 당신이 콩나물시루 같은 버스와 전철 안에서 이리저리 부대끼며 지칠 때, 그는 빈자리에 앉아 여유롭게 출근한다. 그가 타고 있는 버스와, 지하철은, 자동차는 그의 인생처럼 막힘없이 시원하게 내달린다.

_아놀드 베넷, 『하루』

406 | 습관의 힘

우리 내면에는 좋은 습관이라는 늑대와 나쁜 습관이라는 늑대가 살고 있는데, 어떤 습관에 더 자주 먹이를 주는지에 따라 삶의 방향이 정해진다. 한번 먹이를 맛보기 시작한 내면의 나쁜 습관은 인생의 다양한 충동에 반응해 점점 몸집을 키워나갈 것이다. 그러다 어떤 상황에 이르면, 가령 극심한 스트레스를 받거나 정신력이 급격하게 떨어져 산만해지면 이 나쁜 습관이라는 늑대가 마음을 비집고 불쑥 튀어나온다. 그땐 아무도 이 늑대를 막을 수 없다. 인간의 충동적 본성은 인내심이나 자제력만으론 다스릴 수 없다. 오직 정교하게 설계된 습관의 힘으로만 통제할 수 있다.

_웬디 우드, 『해빗』

407 | 경험을 책임지다

우리는 항상 '경험'을 책임지며 살아간다. 그것이 '내 잘못'으로 생긴 일이 아니라 할지라도, 이것은 삶의 일부다. 당신의 상황에 책임이 있는 건 다른 누구도 아닌 당신 자신이다. 당신의 불행을 다른 사람 탓으로 돌릴 수도 있겠지만, 불행을 책임질 사람은 오로지 당신뿐이다. 왜냐면 살면서 맞닥뜨리는 사건을 어떻게 바라보고, 어떻게 대응하고, 어떻게 평가할 것인지를 선택하는 건 언제나 당신이기 때문이다. 경험을 평가할 기준을 선택하는 건 언제나 당신이다.

_마크 맨슨, 『*신경 끄기의 기술*』

408 | 시간을 보호하라

오프라, 통화하고 싶지 않으면서 왜 자꾸 전화를 받는 거요?" '아하!'의 순간이었다. 전화벨이 울린다고 해서 내가 꼭 받아야 하는 것은 아니다. 내 시간을 어떻게 쓸지 결정하고 통제하는 것은 나 자신이다. 설혹 시간과 일정이 나의 통제를 벗어나 엉망진창이 된 것처럼 보인다 해도 그것은 결국 자신의 탓이다. 당신의 시간을 보호하라. 당신의 시간은 곧 당신의 인생이다.

_오프라 윈프리, 『*내가 확실히 아는 것들*』

409 | 작은 변화

작은 변화만으로도 스스로를 통제할 수 있다. 주의를 분산하는 방해꾼 몇몇을 줄이고 신체적, 정신적 에너지를 조금만 더 키워 한 가지 중요한 일에 주의를 집중하면 만족스러운 날이 많아질 것이다. 일정표를 싹 비울 필요는 없다. 특별한 무언가에 주의를 집중할 60~90분만 있으면 된다. 목표는 중요한 일을 할 시간을 만들고 더 균형을 잡고 오늘을 좀 더 즐기는 것이다.

_제이크 냅, 『메이크 타임』

410 | 실현 가능한 목표

내가 적은 목표를 보면서 '이걸 다 이룰 수 있을까?'라고 생각했을지 모른다. 그럼 이제 그 목표를 실제로 내가 이룰 수 있는 목표로 바꿀 차례다. 높은 목표는 우리가 노력할 수 있도록 만들어주지만, 너무 황당한 목표는 오히려 노력하고 싶은 의욕을 없애버린다. 열 개의 목표를 다 달성하면 또 새로운 목표가 생겨나고, 그 다음 단계가 생겨난다.

_김경록, 『내 머릿속 청소법』

411 | 한 번에 집중할 세 가지

어떤 상황에 처해 있든 우리에게는 한 가지 공통점이 있다. 바로 필요한 것, 가진 것, 원하는 것의 균형을 잡기 위해, 그 모든 것을 완벽하게 해내느라 엄청난 스트레스를 받고 있다는 것이다. 하지만 어깨를 짓누르는 그 돌덩이를 내려놓아도 된다면? 날마다 몇 가지만 골라 집중해도 된다면? 균형을 잘 잡는 대신 시소를 잘 타면 어떨까? 한 번에 몇 가지에만 집중하면 장기적으로 우리는 더 행복해진다.

_랜디 저커버그, 『픽 쓰리』

412 | 목표와 방향을 정확히

작은 계획이든 큰 목표이든 모두 우리의 꿈에 들어 있으며 우리가 계속해서 지향하는 목적지이다. 그곳은 아득히 먼 곳일 수도 있고 손만 뻗으면 닿는 아주 가까운 곳일 수도 있다. 그러나 당신은 거기가 어디든 어느 방향이든 어느 위치든 살면서 하루하루 자신이 무엇을 위해 이렇게 노력을 하는지 반드시 알아야 한다.

_가오펑, 『하버드 자기조절 수업』

413 | 아침의 잠재력

인생은 리허설이 아니다. 그러니 하루하루를 최선을 다해 살아야 한다. 일찍 일어나는 것 자체는 당신이 열심히 일했으니 성공할 거라는 신호가 아니다. 그 시간에 무엇이든 할 수 있도록 당신 안의 잠재력을 이끌어내는 게 중요하다. … 평소 손이 가지 않았던 책이 있다면 새벽에 읽어보자. 전과는 다른 책으로 느껴질 것이다. 전날 퇴근길에 읽었던 책을 아침에 다시 읽으면 처음 읽는 것처럼 새로운 메시지가 눈에 들어온다.

_김유진, 『나의 하루는 4시 30분에 시작된다』

414 | 성공을 부르는 도미노 효과

훌륭한 성공은 동시다발적으로 일어나는 것이 아니라 순차적으로 일어나기 때문이다. 선형으로 시작된 것이 기하급수적으로 변한다. 올바른 결정을 내리고, 그다음에 또 한 가지 올바른 결정을 내린다. 시간이 흐르면서 이것들이 쌓이다 보면 성공의 잠재력이 봇물 터지듯 발산된다. 도미노 효과는 당신의 업무나 사업처럼 큰 그림을 그려야 하는 일에도 적용되고, 매일 다음번엔 무슨 일을 할까처럼 결정을 내리는 아주 작은 순간에도 적용된다.

_게리 켈러·제이 파파산, 『원씽』

415 | 강인한 사람

강인함은 일을 해결하는 힘이다. 강인한 성격은 자신의 의지를 얼마나 널리 세상에 내보일 수 있는가 하는 척도이다. 강인한 모습을 보이는 사람들은 우리의 관심을 끈다. 그들의 강인한 면모가 우리를 돕는 데 발휘될지 아니면 해치는 데 발휘될지 알아야 하기 때문이다. 때로는 마지못해, 또 때로는 자연스럽게 우리는 강인한 사람들을 존경한다. 약자가 무엇을 원하는지 신경 쓰는 사람은 별로 없다. _존 네핑저·매튜 코헛, 『어떤 사람이 최고의 자리에 오르는가』

416 | 소크라테스식 질문의 힘

그(소크라테스)는 답을 바꾸는 질문을 활용할 줄 아는 대가였다. 그는 강의와 훈계를 하지 않고, 그 대신 사고를 자극하는 심오한 질문을 던지는 방식으로 제자들을 가르쳤다. 가령 직장에서 누군가가 "우리에겐 더 많은 혁신이 필요합니다."라고 말했다 치자. 그럼 이렇게 물어라. "당신이 생각하는 혁신은 어떤 것입니까?"

_앤드루 소벨·제럴드 파나스, 『질문이 답을 바꾼다』

417 | 분명한 목적

우리가 하는 모든 일과 물건에는 목적이 분명히 있어야 한다. 많은 사람들이 어떤 물건이나 공간을 소유하면서도 그것의 목적을 부여하지 않거나, 있었어도 잊어버린다. 공간을 목적에 맞지 않게 사용하면, 불필요한 물건이 늘어나게 된다. 화장대는 화장하기 위해 마련한 것인데, 어떤 집의 경우에는 화장품이 어디에 있는지 제대로 찾을 수 없을 정도로 복잡한, 화장품 창고나 화장품 쓰레기통 같은 공간으로 방치한다. _윤선현, 『하루 15분 정리의 힘』

418 | 의지와 전략

우리에게 필요한 것은 약점에서 비롯되는 시련과 고난과 역경을 이겨낼 수 있는 의지와 전략이다. 약점에 굴복하지 않겠다는 의지, 그리고 어떻게 약점을 극복할 것인지를 현명하게 생각하는 전략만 있으면 된다. 의지와 전략이 있는 약자는 더 이상 약자가 아니다.

_박정훈, 『약자들의 전쟁법』

419 | 강한 내면의 힘

성공한 사람은 상황에 따라 '자기 버림'이 습관처럼 배어 있다. 그렇다고 자기방어가 약한 사람이 아니다. 강한 내면을 가지고 있으면서도 상대방을 배려하고자 하는 마음을 지니고 있기 때문에 항상 그의 주변에는 좋은 인연들이 넘쳐난다.

_천공, 『통찰과 역설』

420 | 시작은 청소부터

먼지가 수북한 저 접시처럼 당신의 인생도 먼지가 내려앉도록 방치하고 있었던 것은 아닌지. 묵은 때가 끼고 바퀴벌레가 기어다니는 화장실처럼 당신의 마음에도 얼마나 많은 짜증이 쌓여 에너지를 갈아먹고 있었는지. 이렇게 물리적인 공간부터 정리하고 나면 마음과 인생의 찌꺼기들을 정리할 준비가 끝난다.

_김수영, 『드림 레시피』

421 | 로켓에 탈 수 있다면

"만약 당신에게 로켓에 탈 자리가 생기면 어떤 자리냐고 묻지 않을 겁니다. 그냥 올라타겠죠." 그 말을 듣는 순간 나는 마음을 굳혔다. 구글은 규모가 작고 체계가 없었지만 분명히 로켓이었다. 게다가 내가 마음 깊이 믿고 추구하는 사명을 실은 로켓이었다.

_셰릴 샌드버그, 『린 인 Lean In』

422 | 뇌의 능력이 강력해지는 시간

'뇌의 능력'이 강력해지는 아침은 특히 우뇌가 활발하게 활동하는 시간대라고 알려져 있다. 아침은 그야말로 참신한 발상이 샘솟아 새롭고 창조적인 일에 도전할 수 있는 황금시간대다. 무언가 공부를 하거나 암기를 하는 데도 최적의 시간대라고 할 수 있다.

_다카시마 데쓰지, 『아침 30분』

423 | 혼자의 힘

다른 사람들과 많이 어울리면 오히려 객관적인 시각이 떨어집니다. 나도 남도 서로에게 잘 보이려고 자신을 감추기 때문입니다. 혼자만의 시간을 가져야 스스로를 제대로 볼 수 있습니다. 혼자 있으면 잡음이 줄어듭니다. 그러면 들리는 것이 있습니다. '나는 누구인가?', '무엇을 해야 하는가?' 같은 질문들이 떠오를 것입니다.

_최영환, 『인생을 바꿀 책속의 명언 300』

424 | 체크리스트

이제 우리는 실패를 극복할 전략을 세워야 한다. 경험을 통해 축적되고, 사람들이 보유한 지식을 이용할 수 있으면서, 어쩔 수 없는 인간적인 결점을 보충할 수 있는 그런 전략이 필요하다. 여기에 그런 전략이 하나 있다. 너무 단순해서 터무니없고, 여러 해 동안 고도의 기술과 노하우를 쌓아온 이들이 보기에는 미친 것처럼 보일 수도 있지만 말이다. 그 전략은 바로 체크리스트다.

_아툴 가완디, 『체크! 체크리스트』

425 | 시간관리의 이유

목표가 없다고 하는 그는 사실 목표보다 더 거시적인 범위의 삶의 방향성, 가치관, 비전을 가지고 있었다. 그때그때 생겨나는 목표에 비해 아주 단단하게 내 안에 뿌리내린 비전의 힘은 비교할 수 없이 크다. 그리고 시간관리 자체는 중요한 것이 아니다. 시간 관리를 통해 우리가 어떤 삶을 살고 싶은지를 잊지 않는 것이 중요하다.

_정지하(룩말), 『시간을 선택하는 기술, 블럭식스』

426 | 시간 전망

하버드 대학의 연구에 의하면 성공한 사람, 훌륭한 사람과 그렇지 못한 사람의 차이는 시간 전망(time perspective)에 있다고 한다. 시간 전망은 현재의 행동과 의사결정이 미래에 끼칠 영향력을 얼마나 길게 내다보는가와 관련된 것이다. 시간 전망이 긴 사람은 현재 자신이 하고 있는 행동에 좀 더 신중을 기하고 순간의 감정과 충동에 반응하지 않기 때문에 감정이 안정적이고 기복이 없다.

_허일무, 『*Change Way 변화, 그 아름다운 선택!*』

427 | 첫걸음마

처음 걸음마를 배우는 아이처럼 자신 있게, 강하게 밀고 나가라. 생각보다 결과가 빨리 안 보일 수도, 매우 힘들 수도, 자신의 한계가 느껴질 수도 있다. 그래도 멈추지 마라. 당신이 멈추지 않고 꾸준히 나아간다면, 한계도 점점 멀어질 것이다. 걱정을 버리고 걸어나가라.

_존 디마티니, 『*시크릿 실천법*』

428 | 햇빛으로 종이를 뚫는 방법

햇빛으로 종이에 구멍을 뚫으려면 어떻게 해야 할까? 지구상에서 태양빛이 가장 뜨거운 지역으로 가서 종이를 장시간 햇빛

아래 노출시켜야 할까, 아니면 현재 있는 자리에서 종이 위에 돋보기를 들이대야 할까? 당연히 후자다. 인생 또한 마찬가지다. 평범하기 이를 데 없는 현재의 삶에 구멍을 뚫으려면, 즉 놀랄 만한 변화를 만들어내려면 당신의 정신을 한 곳에 모으는 집중력이 필요하다.

_이지성, 『여자라면 힐러리처럼』

429 | 스스로 태도 바꾸기

부정적인 태도와 낮은 성취도 사이의 직접적인 관련성을 보여주는 연구 결과가 있어요. 나 자신을 포함해 학생들에게서도 부정적인 태도로 인해 좋은 성과를 얻지 못하는 경우를 쉽게 찾아볼 수 있어요. 아무튼 부정적인 태도 때문에 즐거운 인생을 살지 못하는 경우는 비일비재해요. 사실 자신의 태도야말로 다른 어떤 것보다 가장 빠르게 변화시킬 수 있는 대상이잖아요?

_스펜서 존슨·콘스탄스 존슨, 『멘토』

430 | 효과적인 시간관리법

일을 즐길 수 있어야 그 산출물도 사람들을 즐겁게 해준다. 일을 끝내고 그다음 일이 걱정되기보다 보람과 뿌듯함이 느껴진다면 그 일을 진정으로 즐기는 것이다. 한 수 위에 있는 사람은 일을 즐겁게 하는 사람이다. 결국 시간 관리를 효과적으로 하는 방법은 세 가지로 요약된다. '일을 성실하고 스마트하게 즐기며 하는 것'이다.
_김지현, 『시간 관리』

431 | 슬럼프는 위로를 먹고 자란다

직장인들은 너무나 종종 '슬럼프'를 당연한 것으로 여긴다. 그리고 그 원인을 자기 자신이 아닌 다른 곳에서 찾으려고 애쓴다. '역시 이 일은 나한테 안 맞아', '이 조직은 내 진가를 알아주지 못해', '나는 이 정도 대접 받을 사람이 아니야!' 오히려 슬럼프에 빠진 스스로를 위로한다. 매너리즘은 그 속성상 '위로의 감정'을 먹고 더 잘 자란다.
_김진동, 『이기는 습관』

432 | 인생은 여정이 아니다

그의 담백한 '지각인생론'을 한 문장으로 압축하자면 '설령 무모해 보인다 할지라도 인생에서 절실한 것이 있다면 후회 없이 도전하라'는 것이 되리라. 무릇 인생이란 빈틈없이 짜여진 여정(旅程)이 아니다. 정해진 시각에 따라 정확하게 떠나고 닿는 길이 아니다. 때론 한 걸음을 내딛기 위해 두 걸음 물러나야 할 때도 있고, 열 걸음을 돌아가야 할 때도 있다.
_진희정, 『손석희 스타일』

433 | 운이 좋은 괴짜들

99%의 사람들은 조금만 안 좋은 일이 벌어지면 '운이 없다'거나 '재수가 없다'고 치부한다. 하지만 1%의 사람들은 어떤 상황에서도 운이 좋다고 생각한다. 그들은 아무리 불우하고 괴로운 시절에도 '나는 운이 좋다', '나는 된다'고 여기는 괴짜들이다. 그들은 위기든 호황이든, 다시없는 기회로 여기고 모든 일에 열정을 쏟아붓는다.

_니시다 후미오, 『된다 된다 나는 된다』

434 | 융통성을 가져라

우리는 모두 인생이라는 캔버스를 앞에 두고 앉은 화가다. 자기 분야에서 큰 획을 그은 사람들, 특히 사업 세계에서 우뚝 선 사람들도 처음부터 정교하게 짜인 계획을 갖고 시작하지는 않았다. 우린 언제나 융통성이 있어야 한다. 자기 의지나 의도와는 관계없이 자신이 처한 상황은 시시각각으로 변하기 때문이다.

_공병호, 『명품 인생을 만드는 10년 법칙』

435 | 기본의 힘

지금 당신이 가는 길에 자꾸 걸림돌이 나타난다면 먼저 당신이 하고 있는 일에 대한 기본이 바로 잡혀 있는지 점검하라. 또한 기본이 무엇인지 돌이켜보고 다시 그 기본으로 되돌아가라. 그렇게 하면 그 기본이 당신을 다시 일으켜 세워줄 것이다.

_강상구, 『어려울수록 기본에 미쳐라』

436 | 고정관념을 부수는 시간관리법

성공한 사람들은 공통점이 여럿 있다. 그 중 하나가 고정관념을 깨는 것이다. 꿈쩍도 않는 생각의 틀은 우리를 망가뜨리는 적이다. 시간 관리에서도 고정관념을 깨는 일이 필수다. 대부분의 사람들이 달력과 시계에 의존하지만 이 기준에 구속되면 성공할 수 없다. 직장인들을 대상으로 상담해 본 경험으로 볼 때, 그들이 일을 해나가는 데 가장 방해가 되는 것이 '1주 단위' 시간 개념으로 살기였다. 1주일이라는 단위에 휘둘리다 보면 스케줄을 주체적으로 관리하는 데 한계에 부딪힌다.

_아라카와 나미, 『당신의 성공은 수요일에 결정된다』

437 | 우리가 일을 미루는 이유

사람들이 일을 미루는 이유는 무엇이 중요한지 명확하게 문제를 인식하지 못하기 때문이다. 그 인식에는 일의 중요성과 자신은 그 일에서 지금 어느 위치에 있는지, 그리고 앞으로 나아가야 할 방향은 어디까지 인지를 포함한다.

_켄 블랜차드, 『굿바이 허둥지둥』

438 | 아침에는 벌떡 일어나라

눈을 뜨자마자 벌떡 일어나는 것은 괜히 불안하고 찝찝한 기분을 한 방에 날려버리는 단호하고 적극적인 자기 방어이다. 이 선제공격에 성공하게 되면 아침에 일찍 일어나는 것이 점점 즐거워진다. 또 그것은 현실에 대한 자신감으로도 이어진다. 눈을 뜨면 곧바로 일어나는 행동이 몸과 마음을 묶어주는 최고의 자기계발인 것이다.

_사이쇼 히로시, 『아침형 인간』

439 | 본질적 문제 찾기

문제 해결이란 무엇인가? 문제 해결이 지향하고 있는 것은 문제의 근본 원인(본질적 문제)을 찾아내고 그것을 고치는 방법을 생각해 내는 것이다. 따라서 본질적인 문제를 발견할 수 있다면 문제 해결의 60%는 달성되었다고 생각할 수 있다.

_오마에 겐이치·사이토 겐이치, 『맥킨지 문제 해결의 기술』

440 | 내 삶의 철학

남과 나를 비교하기 시작하면서 생기는 질투와 잘못된 가치기준들을 버려야 한다. 당연히 그러기 위해서는 삶의 철학을 가지도록 노력해야 한다. 내가 사는 이유와 그 기준이 명확할 때 다른 사람의 불행을 안타까워하고 다른 사람의 행복을 같이 기뻐할 수 있다. 또 나의 기쁨과 슬픔도 자연스럽게 이야기하고 같이 나눌 진정한 친구도 얻게 된다. _안상현, 『생산적인 삶을 위한 자기발전 노트 50』

441 | 나름의 기준으로 정리한 책상

물리적으로 정리를 잘하는 것과 머릿속에 정리가 되어 있다는 것은 전혀 별개의 것일지도 모른다. 즉 겉보기에는 엉망진창으로 어질러져 있어도 그 사람 나름의 기준에 의해 정리되어 있다면, 남이 이러쿵저러쿵 얘기할 일은 아니라는 말이다. 남이 봤을 때 어질러져 있는 책상이라도 이것은 그 사람의 가치기준에 따른 판단에 지나지 않는다. 본인이 전체를 확실하게 관리할 수 있다면 그것으로 됐다는 말이다. _이토 마코토, 『이기적인 시간술』

442 | 진정으로 원한다면

남자를 찾거나 직업을 바꾸거나 감사하는 삶을 살거나 봉사활동을 하고 싶다고 말하면서도 행동에 나서지 않는 사람을 볼 때마다 나는 이렇게 말한다. "당신은 진정으로 그것을 원하는 게 아니다."라고 말이다. 정말로 원한다면 방해와 좌절에도 불구하고 꾸준히 노력하게 마련이다. 진정으로 원한다면 아무리 오랫동안 궤도에서 벗어났더라도 결국 제 궤도로 돌아온다. _메리 제인 라이언, 『아이윌』

443 | 시간은 충분하다

시간이 충분하지 않다고 말하지 말라. 당신에게는 헬렌 켈러, 파스퇴르, 미켈란젤로, 테레사 수녀, 레오나르도 다 빈치, 토머스 제퍼슨, 알버트 아인슈타인에게 하루에 주어졌던 시간과 똑같은 시간이 주어졌다. 그리고, 인간관계와 취미 생활, 내가 읽고 보는 것들, 이 세 가지만 단순하게 정리해도 당신의 인생에는 참으로 많은 빈 시간이 확보될 것이다.

_한홀, 『시간의 마스터』

444 | 회복 시간

회복 시간은 본질적으로 창조성과 긴밀하게 연결되어 있다. 음표들 사이 공간이 있어야 음악이 만들어지고, 문자들 사이에 공간이 있어야 문장이 만들어지듯이, 사랑과 우정, 깊이와 차원이 성장하는 곳 역시 일과 일 사이의 공간이다. 회복 시간이 없는 우리의 인생은 존재감 없이 끝없이 반복되는 행동의 연속일 뿐이다.

_짐 로허·토니 슈워츠, 『몸과 영혼의 에너지 발전소』

445 | 목표보다 방법

우리들의 대부분은 "매일 자기 전 10분 스트레칭을 하자"라던가, "과자를 줄이자" 같은 목표에만 집중한다. 하지만 정작 이를 지속하기 위해서 가장 중요한 도구와 방법에는 신경을 쓰지 않는다. … 효과를 실감하기 어렵다고 해서 바로 그만둔다면 아무것도 하지 못한다. 한 가지 한 가지가 지극히 사소한 변화라고 해도 그것을 지속해나가면 장기적으로 커다란 변화로 이어짐을 잊지 말라.

_카츠마 카즈요, 『시간투자법』

446 | 바로 지금 시작하라

기다리지 마라. '꼭 적당한' 시간은 결코 오지 않는다. 지금 당신이 서 있는 곳에서 무조건 시작하라. 무엇이든지 당신의 힘으로 구할 수 있는 도구들을 가지고 작업하라. 앞으로 나아갈수록 더욱 나은 도구를 발견할 것이다.

_브라이언 트레이시, 『개구리를 먹어라!』

447 | 윤리적 시간 사용

시간은 윤리적으로 접근해야 할 존재였다. 인간은 자기 일생에서 과연 어떤 일에 시간을 쓸 권리가 있으며 어떤 일에 그럴 권리가 없는가? 류비셰프는 스스로 시간 사용이라는 윤리적 행동을 위한 윤리적 원칙을 만들었다.

_다닐 알렉산드로비치 그라닌, 『시간을 정복한 남자, 류비셰프』

448 | 바쁘게 살아가는 까닭

물론 사람들이 바쁘게 살 수밖에 없는 이유는 현실적인 문제들 때문이다. 그러나 그 이면에 거의 모든 사람들이 인정하지 않거나 심지어 깨닫지 못하는 이유가 숨어 있다. 우리가 끊임없이 바쁘게 살아가는 까닭은 삶의 가장 심오한 부분, 다시 말해 우리가 좀처럼 들여다보지 않은 깊디깊은 그 심연을 외면할 수 있기 때문이다.

_에드워드 M. 할로웰, 『창조적 단절』

449 | 저항과의 싸움

흔히 변화는 저항과의 싸움이라고 한다. 현재와 달라지고자 하는 변화는 필연적으로 현상을 유지하려고 하는 힘과 마찰을 빚을 수밖에 없다는 것이다. 변화에 저항하는 이유는 크게 두려움, 불이익, 타성, 자원부족의 네 가지로 나누어 볼 수 있다.

_이재희, 『자기경영과 시간관리』

450 | 가장 중요하고 가장 부족한

시간은 누구에게나 같은 양이 '공짜로' 주어지는 자산이다. 그러나 동시에 가장 값비싼 것 중의 하나이기도 하다. 다른 것으로 대체할 수도, 되돌릴 수도 없기 때문이다. 시간은 건강과 더불어 우리 인생에서 가장 중요한 자산이며 동시에 가장 부족한 자산이다.

_로타르 J. 자이베르트, 『자이베르트 시간관리』

451 | 스타이면서 매니저가 되는 법

새로운 것, 무시무시하게 양이 많은 공부, 엄청난 잠재력을 가진 친구들과의 경쟁, 온갖 실패 가능성을 더 이상 두려워하지 않고 맞설 수 있는 기질을 가지고 있었다. 그들은 자기 자신이 '스타'이면서 동시에 '매니저'가 되는 법을 스스로 알아내도록 교육받았다.

_강규형, 『성공을 바인딩하라』

452 | 미래 설계와 노후

모든 계획은 내일, 그리고 미래를 향해 설계된다. 현명한 사람일수록 더 먼 미래를 바라보고 계획하며, 지혜로운 젊은이일수록 인생의 마지막을 그려보며 삶의 방향을 정한다. 그래야만 자신이 가진 젊음을 엔진 삼아 더 열정적인 인생을 살 수 있고, 그 결과 풍요로운 노후를 맞을 수 있다.

_김일희, 『작심 후 3일』

453 | 타인의 인정

'너한테 주어진 일에서 너 자신이 최고가 되지 않으면 안 된다.' 남들이 잘했다고 인정해주는 것보다 네 자존심이 더 중요하다. 스스로 만족할 수 있도록 일하는 습관을 들여라. 내가 나를 인정할 수 있는 정도가 된다면, 타인의 인정은 자연스럽게 따라올 것이다.

_박광세·조형진, 『드림 스파이』

454 | 불안의 에너지

최고 기록은 올림픽과 같은 세계적인 대회에서 나온다. 만약 불안과 긴장에 좋지 않은 에너지만 있다면 큰 대회에 출전한 선수들은 모두 무너졌을 것이다. 그러나 뛰어난 운동선수들은 불안의 도움을 받아 신기록을 세운다. 불안에는 나쁜 에너지뿐만 아니라 목표 달성에 도움을 주는 긍정의 에너지가 녹아 있는 셈이다.

_김병준, 『강심장이 되라』

455 | 주말의 성과

핵심은 각자 주말 동안 무엇을 하더라도 얼마든지 경영한다는 시각으로 접근할 수 있다는 점이다. 만약 '주말을 경영한다'는 관점으로 접근해 시간을 활용한다면, 보통 사람들과 물리적으로 똑같은 주말을 보내더라도 좀더 효율적으로, 좀더 주체적으로, 좀더 의미 있게 보내게 되어 시간당 얻게 되는 만족도나 가시적인 성과가 훨씬 더 높아질 것이다.

_공병호, 『주말 경쟁력을 높여라』

456 | 꿈을 이루어주는 수첩

꿈을 이루는 방법 중 하나가 바로 수첩에 이루고 싶은 꿈을 옮겨쓰는 일이다. 수첩에 자신의 꿈과 목표를 적어 넣는다. 먼 훗날의 목표, 하고 싶은 일, 인생의 계획들을 일일이 적어넣은 다음 그 수첩을 항상 품에 지니고 다녀야 한다.

_구마가이 마사토시, *『꿈을 이루어주는 한 권의 수첩』*

457 | 타임 어택

잔업이 많은 사람들은 '일이 시간을 소비하는 행동에 빠져 있지는 않은가'를 생각해 보는 것이 좋다. 일이라고 하는 것은 주어진 일을 끝내는 데 있는 것이 아니고 주어진 시간 안에 주어진 목적을 달성하는 데 있는 것이기 때문이다.

_혼다 나오유키, *『타임에셋』*

PART 9

미래와 미경험의 세계를 도전하는 힘

#변화 #도전력 #트렌드세터 #미래예측 #실행력 #모험심

환경이나 다른 사람은 바꿀 수 없다는 생각 때문에 자기 자신을 바꾸려고 노력한다. 하지만 주어진 환경에서 변화하려는 노력은 한계가 있다. 지금까지 지내던 환경은 편안하므로 불편함을 감수해야 하는 자기 변화는 제자리로 돌아가기가 쉽다.

변하기 위한 새로운 노력이 얼마나 힘들면 '작심삼일'이란 말까지 있겠는가? 당장 주변 환경을 바꾸기 어렵다면 가벼운 여행도 좋다. 가까운 곳을 다녀오더라도 다른 공기, 다른 사람, 다른 생각과 만날 기회가 될 수 있다. 바꾸기 쉬운 것부터 바꾸는 게 변화의 지름길이다.

458 | 초집중자

미래에는 두 종류의 사람이 존재할 것이다. 타인이 자신의 집중력과 인생을 마음대로 주무르게 놔두는 사람과 당당히 자신을 '초집중자'라고 부르는 사람이다. … 초집중은 이 시대의 필수능력이다. 그리고, 진짜로 동기를 유발하는 것은 무엇인가. … 많은 사람이 일정을 세운다는 생각만으로도 구속받는다는 느낌이 들어 기분이 나빠진다. 하지만 우리는 특이하게도 어떤 제약이 있을 때 실력을 더 잘 발휘한다.

_니르 이얄·줄리 리, 『초집중』

459 | 부정적 주파수

정말 행복한 감정을 느끼는 사람들의 세포를 떼서 현미경으로 자세히 보면 진동이 매우 빠르다고 한다. 반면 슬픔이나 부정적인 감정을 느끼는 사람들의 세포를 떼서 보면 진동이 매우 느리다고 한다. 당신이 슬픈 생각을 하면 당신은 부정적인 진동으로 옮겨간다. 누군가가 경기가 얼마나 안 좋은지에 대해 말할 때 그 부정적인 것에 내 생각이 지배되도록 받아들이면, 당신은 그 주파수로 옮겨지고 같은 진동인 부정적인 것을 더 끌어당길 것이다.

_조성희, 『더 플러스』

460 | 전체를 보는 뇌

당신은 수많은 사람들의 움직임 속에서 공시사건의 패턴을 찾아야 한다. 이를 위해 당신은 사람들이 모인 곳을 찾아야 한다. 수십 명 이상이라면 더 좋다. 경기장, 극장, 쇼핑몰, 대규모 회의장, 인파가 모이는 곳에 있는 사람들을 활용할 수 있다. 고개를 이리저리 돌릴 필요 없이 한눈에 사람들 전체를 볼 수 있는 곳에 자리를 잡아라. 사람을 한 명 한 명 보지 말고 한꺼번에 전체를 보라.

_커비 서프라이즈, 『패턴』

461 | 베푸는 열정

"세상의 모든 위대한 부는 모두 타인에게서 무언가를 얻는 것보다 자기가 가진 것, 즉 재화나 서비스 혹은 아이디어를 베푸는 데 더 큰 열정을 가진 이들이 이룩한 것이라네. 반면에 주는 것보다 얻는 데 열심인 사람들은 위대한 부의 대부분을 탕진해버렸지."

_밥 버그·존 데이비드 만, 『기버』

462 | 심리학적 카멜레온

우리는 끊임없이 서로 암시와 미묘한 메시지를 주고받으며 남을 흔들기도 하고 흔들리기도 한다. 우리의 이성적인 뇌가 그 비밀을 이해하지 못했더라도 마찬가지다. 이상의 연구에서 확인되듯이 우리는 남이 나에게 부여한 특성을 받아들일 수밖에 없는 존재다. 겉보기에 아무 숨길 게 없는 단순명료한 상호작용 안에서조차 이 은밀한 힘은 작용하고 있다. 그리고 이런 면에서 우리는 모두 심리학적 카멜레온들이다.

_오리 브래프먼·롬 브래프먼, 『스웨이』

463 | 나를 행복하게 하는 일

공적인 관계에서든 사적인 관계에서든 '좋은 사람'이라는 평가를 받고 싶어 늘 긴장하며 지냈다. 그렇게 서른을 넘기자, 어느새 에너지가 바닥났다. 결국 내 곁에서 가장 힘이 되어주던 가족에게 짜증을 내는 일이 잦아졌다. 이러면 안 되겠다는 생각에 우선 나를 행복하게 하는 무언가를 찾아, 하나씩 해보아야겠다는 생각을 했다.

_조석경, 『나는 버리지 않기로 했다』

464 | 창의적인 환경의 시작

내가 생각하기에 혁신적인 환경은 기꺼이 리스크를 감수하고 급진적이며 새로운 일을 시도하는 창의적 사고를 지닌 놀라운 사람들로부터 시작된다. 이런 사람들을 찾은 다음 당신이 리더로서 해야 할 일은 그들의 앞길에서 비켜 주는 것이다. 훌륭한 기업과 훌륭한 대학은 혁신의 온상이지만, 이는 창의적으로 사고하는 사람들이 다음 기회가 어디에 있을지 스스로 결정하게 해 줄 때만 가능하다.

_존 헤네시, 『어른은 어떻게 성장하는가』

465 | 지금의 나와 되고 싶은 나

지금의 나와 되고 싶은 나의 차이는 사람에 따라 다르다. 어쩌면 몇 가지 작은 변화로 충분히 좁힐 수 있는 차이일 수도 있고, 그 반대일 수도 있다. 간극이 너무 벌어져 당장 무엇을 해야 할지 모르고 있을 수도 있다. 어느 쪽이든 이것만은 확실히 해두자. 나는 내가 되고자 하는 내가 될 수 있다. 차이를 뛰어넘는 것은 가능하다.

_할 엘로드, 『미라클 모닝』

466 | 혁신가의 사고방식

혁신가가 되기 위해서는 다르게 사고해야만 한다. 정체는 혁신의 적이다. 과거 나를 가르쳤던 선생님들에게 죄송한 마음을 담아 말하려 한다. 다른 사람들이 정해놓은 규칙을 깨지 못한다면 혁신은 탄생할 수 없다. 이것이 핵심이다.

_데이브 아스프리, 『최강의 인생』

467 | 쉬운 삶은 금물

이런 삶은 편하긴 하지만 고여서 썩어가는 물과 같다. 쉬운 삶에 안주했다간 오히려 삶을 위기에 빠트릴 수 있다. 이 삶을 바꿀 유일한 사람은 당신이다. 또한, 당신의 삶에서 가장 중요한 사람도 바로 당신이다. 변화하고 싶다면, 행동에 옮겨야 할 사람도 당신이다. 삶이 이전과 다른 방향으로 흘러간다면, 그것은 당신이 생각이나 감정, 행동을 바꾸었기 때문이다. _필립 C. 맥그로, 『인생은 수리가 됩니다』

468 | 세상에 던지는 질문

자기 삶에 대한 평가가 시시하다면 내가 시시한 질문을 던지고 있기 때문인지도 모른다. 답이 안 나오는 인생을 살고 있다면, 질문에 문제가 있을 가능성이 있다. 무언가 더 나은 답을 찾고 싶은 사람은 세상을 향해 던지고 있는 질문부터 점검해야 한다.

_최인철, 『프레임』

469 | 업의 개념

그는 지금 어디에서 무엇을 하고 있을까. 물론 모른다. 그러나 분명한 건 어디에서 무엇을 하든 그는 자신의 지금 일이 가치 있는 일이라고 믿고 행복해하며, 그저 자신이 먹고 사는 생계 수단으로써의 직업이 아니도록 만들면서 자신이 가장 잘 할 수 있는 일로 만들고 있을 것이라는 거다. 이렇게 업의 개념을 정리하고 나면 세상은 달라진다. _이종선, 『멀리 가려면 함께 가라』

470 | 자부심의 힘

자부심은 모범적인 사회적 존재가 되고자 하는 욕구를 품는데 반드시 필요할 뿐만 아니라, 그러한 존재가 된다는 것이 무엇을 의미하는가를 이해하는 데에도 도움을 준다. 자부심은 우리 사회의 규범을 학습하고 그것을 확고하게 내면화하게 해준다. 결과적으로, 자부심은 우리 종이 시작된 이래로 일구어 온 주요한 진보를 이끈 힘인 '누적적 문화 진화'라고 알려진 현상을 직접적으로 유발한 감정 중 하나다.

_제시카 트레이시, 『프라이드』

471 | 끝없는 과정

스몰 스텝은 결코 끝이 나지 않는 과정이다. 목표를 이루었다고 장롱에 넣어 두는 것이 아니다. 스몰 스텝은 우리의 삶을 지속적인 발전으로, 한 층 더 높은 기준으로, 끝없이 넓어지는 잠재력의 세계로 이끌어 갈 것이다.

_로버트 마우어, 『아주 작은 반복의 힘』

472 | 최상의 전략

왜 작은 습관이 거의 모든 사람에게 좋은 습관을 심어 줄 수 있는 훌륭한 전략이라고 말하는지 알겠는가? 도저히 목표를 실천할 만한 상황이 아닐 때에도 의지력이 정말로 형편없는 나 같은 사람도 목표를 달성할 수 있다면 그것이야말로 최상의 전략이다.

_스티븐 기즈, 『습관의 재발견』

473 | 벽 너머에 있는 것

벽에 부딪쳤다고 해서 되돌아간다면 결코 벽을 깨뜨릴 수 없다. 벽의 저쪽 너머에는 아무것도 없을지도 모른다. 혹은 벽을 넘고 보니 더 높은 벽이 떡하니 버티고 있을지도 모른다. 힘들게 노력해서 벽을 넘는 일이 어쩌면 무의미할 수도 있다. … 하지만 여기서 물러난다면 정말로 아무것도 하지 못한 채 인생이 끝나고 만다.

_나카무라 슈지, 『끝까지 해내는 힘』

474 | 저항의 배신

저항은 당신이 일하는 걸 방해하려고 위증하고 날조하며 왜곡하죠. 유혹하고, 괴롭히며, 부추기기도 하고요. 저항이라는 건 변화무쌍합니다. … 저항은 양심도 없어요. 목적 달성을 위해서라면 어떤 약속도 하니까요. 하지만 당신이 등을 돌리자마자 배신을 하는 거예요. 저항의 말을 곧이곧대로 들었다가는, 어떤 결과라도 감수해야 할 겁니다.

_존 크럼볼츠·라이언 바비노, 『천 개의 성공을 만든 작은 행동의 힘』

475 | '나'라는 친구

때때로 우리는 혼자라고 느낍니다. 지지해 주는 사람이 하나도 없다고 생각하면서 말이죠. 하지만 그것은 사실이 아닙니다. 주의 깊게 바라본다면 우리를 기꺼이 도와주려는 도움의 손길들을 가족과 친구들, 심지어는 낯선 이들 사이에서도 찾을 수 있습니다. 그럼에도 불구하고 여전히 아무도 없다고 해고 결코 좌절하지 마십시오. 여러분에게는 '나'라는 강력한 친구가 있기 때문입니다.

_호아킴 데 포사다, 『99℃』

476 | 편안함 속의 정보

어떤 경우에는 대화 중에 상당히 많은 정보를 얻게 된다. 우리가 노리는 것이 바로 이런 대화다. 성공의 열쇠는 좀 더 편안하게 대화할 장소를 찾는 것이다. 계속 사람들을 만나고 질문해야 하므로 많은 이가 모여 거리낌 없이 이야기하고 처음 본 사람에게도 경계심 없이 속내를 드러낼 수 있는 곳이 좋다.

_얀 칩체이스·사이먼 슈타인하트, 『관찰의 힘』

477 | 인정받고자 하는 욕구

지금 나는 일주일 내내 일을 해야 직성이 풀리는 일중독자는 아니다. 하지만 당시 나는 주말에도 누군가 일을 주었으면 했다. 조직에 필요한 사람이 되고 싶었던 것이다. 나의 행복은 백악관에서 받는 월급과 비례하지 않았다. 그보다는 내가 얼마나 인정받는지, 또 내가 나 자신을 얼마나 뿌듯하게 여기는지에 비례했다.

_토드 부크홀츠, 『Rush 러쉬!』

478 | 실천의 중요함

사람들은 하루에도 수많은 결심을 한다. 일찍 서둘러야지, 친구에게 전화해야지, 미안하다고 사과해야지, 조금만 먹어야지, 두 시간씩 공부해야지 하고 말이다. 그런데 그 중에서 실천에 옮기는 결심은 얼마 되지 않는다. 귀찮아서, 시간이 없어서, 두려워서, 다른 일이 생겨서라는 그럴듯한 이유들을 대며 다음날로 미루고 또 미룬다. 하지만 구슬이 서 말이라도 꿰어야 보배이듯 아무리 재능이 있는 사람이라도 실천 없이는 성공하기 어렵다.

_강상구, 『1년만 미쳐라』

479 | 변해야만 하는 현상

'모든 현상은 변할 수 있고, 변해야만 한다'는 생각에서 출발해 보자. 그러면서 지금의 방법 외에도 더 좋은 방법이 있다는 믿음을 갖고 사물을 주시해 보자. 그러면 우리 주변에 고쳐야 할 것들, 새롭게 바꿔야 할 것들, 새롭게 도입해야 할 것들이 산적해 있음을 발견할 것이다. 그렇게 발견한 것들의 우선순위를 정해 일할 목록으로 정리하라.

_오영교, 『변해야 변한다』

480 | 인생을 바꾸는 30분

모두가 '휴식'으로만 인식하는 잠은 현대인의 마지막 '프런티어 타임'이 아닐까. 그런 생각에서 자료를 찾고 나 자신의 경험과 대조하면서 이끌어낸 답이 '잠자기 전 30분'이라는 새로운 습관이다. 자신을 갖고 말하지만, '잠자기 전 30분'의 습관을 바꿀 수 있으면 잠이 바뀐다. 잠이 바뀌면 아침이 바뀐다. 아침이 바뀌면 일 전체가 격변한다. 그리고 인생 자체가 달라진다.

_다카시마 데쓰지, 『잠자기 전 30분』

481 | 뛰면서 생각하기

1년 동안 책 한 권도 안 읽던 애가 가방에 20권씩 넣어서 여름휴가 떠나잖아? 걔는 거기서도 절대 책 못 읽어. 사람은 자기한테 익숙한 일을 하게 돼 있어. 어제 했던 그대로 휴대전화로 문자 보내고 있지 절대 책 안 읽는다는 거야. 어제 뛰던 힘으로 오늘을 뛰는 거야. 직장생활에서도 도약하려면 계속 뛰어야 해.

_김미경, 『언니의 독설』

482 | 진정한 스트레스 해소

스트레스 때문에 의지력이 무너지지 않도록 하려면 헛된 보상의 약속도 공허한 변화의 약속도 아닌, 진정으로 기분을 해소해 주는 것이 무엇인지 알아내야만 한다. 그런 다음 그 일을 실행하면서 자신의 생활과 아무 관계도 없는 스트레스의 근원을 막아야만 한다. 그러다가 분명 좌절을 겪기도 하겠지만, 그럴 때면 실패를 용서해야 하며 이를 변명 삼아 유혹에 굴복하거나 목표를 포기해서는 안 된다.

_켈리 맥고니걸, 『왜 나는 항상 결심만 할까?』

483 | 작동 흥분이론

우리의 몸과 마음은 일단 발동이 걸리면 자동으로 작동되는 기계처럼 하기 싫던 일도 일단 하다 보면 그것이 계기가 되어 계속하게 된다. 정신의학자 에밀 크레펠린은 이런 정신현상을 '작동 흥분이론'이라고 명명했다. 이 이론에 따르면 우리 뇌는 몸이 일단 움직이기 시작하면 멈추는 데에도 에너지가 소모되기 때문에 하던 일을 계속하는 게 더 합리적이라고 판단한다.

_이민규, 『실행이 답이다』

484 | 막연한 기대감을 접어라

남들은 뛰어가는데 오늘 당신이 걸어갔다면 내일은 분명 남들과 더 많이 차이가 날 것이다. 남들과의 거리를 좁히기 위해선 결국 당신도 열심히 뛰어야 한다. '언젠가는 되겠지'라는 소득 없는 생각에서 벗어나야 한다. 막연한 기대감 대신 꿈을 칼끝에 세워야 한다.

_김이율, 『끝까지 하는 힘』

485 | 토요일 4시간의 마법

늦잠을 자거나 TV만 보던 토요일, 목적 없이 시내에 나가 쇼핑을 하거나 친구들과 밥 먹고 술 마시던 이 시간에 삶의 에너지를 창출하는 귀중한 활동을 할 수 있다는 사실, 놀랍지 않은가? 그렇다면 무엇을 하건 그냥 하면 되지, 토요일에 4시간 또는 몇 년에 걸쳐 몇백 시간의 투자를 해가며 능숙해지기 위한 노력이 왜 굳이 필요할까?

_신인철, 『토요일 4시간』

486 | 순간순간 최선을 다하여

우리는 인생이 길고, 시간은 언제든지 있고, 지금 있는 것은 항상 있는 것으로 착각하며 살아간다. 허나 그건 착각일 뿐이다. 어느 순간 이 모든 것이 허무하게 사라질 수도 있다는 걸 모른다. 그때 우리는 어떻게 될까? 땅을 치고 후회하지 않으려면 순간순간 최선을 다해 살아가는 것밖에 다른 수가 없다.

_심현주, 『14살 세상 끝의 좌절, 23살 세상 속으로의 도전』

487 | 중요한 질문, 사소한 질문

길을 가다가 지나가는 사람에게 왜 사세요? 라고 물어보면 미친놈이라고 생각한다. 그런데 서울역이 어디냐고 물어보면 친절하게 대답한다. 심지어는 약도를 그려주면서까지 성실하게 최선을 다해 대답한다. 가만히 생각해 보면 서울역이 어디냐는 질문이 중요한가? 아니면 왜 사는가, 라는 질문이 중요한가? 더 중요한 질문에는 대답하지 않고 너무나 사소한 질문에는 최선을 다해 대답하면서 사는 것이 우리 인생이다. _최종택, 『하루약속』

488 | 헌신자들의 삶

특징적으로 헌신자들은 내향적이고, 생각이 깊고, 반성적이며, 호기심과 책임감이 강하고, 주의 깊은 경향이 있습니다. 대개는 폭력, 잔인함, 온전치 못함, 매력이나 천박함의 과시와 드라마를 혐오하지요. 또한 배움 그 자체를 목적으로 하는 배움에 끌리고, 기본적 전제의 발견을 기뻐합니다. _데이비드 호킨스, 『내 안의 참나를 만나다』

489 | 진보의 기회 잡기

인간사의 진보는 기회를 통해 온다. 즉 누군가가 기회를 발견하고 그것을 붙잡아 현실로 만들 때 발전이 따라온다. 우리는 어떤 기회가 올지, 누가 그것을 발견할지 예측할 수 없다. 그러나 적어도 우리는 어떤 식으로 진보가 이루어지는지는 안다.

_윌리엄 더건, 『제7의 감각』

490 | 위대한 실수

물론 중요한 것은 '실수를 했다는 것' 자체가 아니라 '실수를 통해 적극적으로 배우려 했다는 점'이다. 실수가 성공의 밑거름이 되기 위해선 실수를 실수로 그냥 흘려보내지 않는 자세와 환경이 중요하다. 실수를 통해 배울 수 있다는 적극적인 태도야말로 실수를 '위대한 실수'로 만들어주기 때문이다.

_문요한, 『굿바이, 게으름』

491 | 인내하고 인내하자

보잘것없던 흙이 뜨거운 불을 만나 도자기가 되고, 어려운 과정을 거친 애벌레가 나비가 될 수 있듯이 고난 없는 성공은 없다. 지금 참을 수 없는 고통이 내게 닥쳤다 해도 그 순간이 명품 도자기가 되고, 나비가 되는 과정이라고 생각하고 인내하자. 모든 애벌레가 다 나비가 될 수 없듯이 비바람, 추위를 이겨낸 애벌레만이 아름다운 날개를 가질 수 있다.

_아네스 안, 『프린세스 마법의 주문』

492 | 목표를 여러 단위로 나누기

당신이 마라톤 선수라면 코치는 경주 거리가 얼마인지 절대 떠올리지 말라고 신신당부할 것이다. 경주 거리부터 떠올리면 당신은 출발 총성이 울리기도 전에 패배감을 맛보게 될 것이다. 마라톤에서 승리할 수 있는 방법은 마라톤 전체 거리를, 컨트롤 가능한 여러 단위의 거리로 나누는 것이다.

_린다 카플란 탈러·로빈 코발, *『유쾌한 나비효과』*

493 | '그러나'의 인생 역전

다윗이 골리앗을 이겨야 뉴스가 됩니다. 세상은 항상 '그러나'에 주목합니다. 남보다 부족한 점이 삶을 힘들게 할 수 있지만 크게 주목받을 수 있는 기회가 되기도 합니다. 콤플렉스나 결함에 '그리고'를 붙이고 굴복하면 열등감이 평생을 따라 다니지만 '그러나'를 붙이고 끊임없이 저항하면 세상의 주목을 받습니다. '그러나'가 만드는 인생의 반전, 그것이 진정한 인생역전입니다.

_한근태, *『잠들기 전 10분이 나의 내일을 결정한다』*

494 | 사소함의 이면에는

'사소하다'는 것은 서로 상반된 두 가지 의미를 가지고 있다.

'별것 아니다'라는 의미로 볼 수도 있지만, '쉽게 이룰 수 있다'는 긍정적인 의미로 생각해 볼 수도 있다. 일상에서 사소한 차이를 찾아내고, 그런 사소한 일들을 챙기는 것은 그다지 어려운 일은 아니다. 꾸준하게 신경만 쓴다면 누구나 이를 수 있는 경지다. 기억하자. 우리가 스쳐 지나는 일상의 사소함, 그 속에는 거대한 성공의 뿌리가 숨겨져 있다.

_연준혁, 『사소한 차이』

495 | 배우려고 하지 않는 사람

나는 배우려고 하지 않는 사람을 믿지 않는다. 그들이 거짓말을 하기 때문에 믿지 않는 게 아니라 그들이 과거만을 말하기 때문에 믿지 않는다. 배우려고 하지 않는 사람은 사고와 성장이 멈춰서 지난날의 시각에 머문 상태로 현재를 해석하려 한다. 이런 사람들은 강압적이고 권위적인 분위기를 조장한다.

_안상헌, 『미치도록 나를 바꾸고 싶을 때』

496 | 당장 시작하는 실천력

자신의 약점을 극복하고, 새로운 세계에 발을 내딛기 위해서는 지금 당장 시작하는 '실천력'이 가장 절실하게 필요하다. 가능한 한 빨리 시작해야 수월하게 고칠 수 있고, 고치고 난 후 더 높이 비상할 수 있다. 그것이 무엇이 되었든 간에 말이다. 아직 많은 것을 이루지 못했다는 것은 그만큼 홀가분하게 무엇이든 시작할 수 있다는 것과 같다.

_윤경혜, 『차가운 열정으로 우아하게 미쳐라』

497 | 긍정적인 감정의 힘

지식이 많고 사회적인 지위가 높다고 해서 의식 수준이 높은 것이 아니다. 중요한 것은 '내가 얼마나 긍정적인 감정을 느끼는가'다. 사랑과 기쁨, 벅찬 감동을 충만하게 느낄 때는 어떤 상황에 직면하더라도 마음이 흔들리지 않는다. 간절히 원하던 대학에 합격했다는 소식을 듣는 순간, 아끼는 옷에 기피를 쏟았다고 짜증이 나지는 않는다.

_김필수, 『리셋』

498 | 펭귄의 꿈

"아빠, 내가 정말 갈매기처럼 날 수 있을까?" 브루노가 물었어요.

"갈매기처럼 하늘을 날 수 있는 건 갈매기뿐이란다. 너는 너만의 방법으로 날게 될 거야, 브루노." 아빠의 말에 브루노는 고개를 끄덕였어요.

_아네테 블라이, 『날아라 펭귄!』

499 | 생각 바꾸기

감정은 우리 생각과 믿음이 내면의 근원과 조화로운 상태인지 말해주는 피드백 시스템이다. 고통이라는 감정은 우리 믿음이 근원과 조화로운 상태가 아니라는 점을 알려준다. 이것을 바로잡으려면 생각을 바꿔야 한다. 이런 메시지를 무시하고 계속 똑같이 믿는다면 고통이 지속될 것이다. _폴 매코믹, 『생각을 바꾸면 인생이 바뀐다』

500 | 지금 이 순간

이 순간은 한번 지나가면 다시 돌아오지 않는다. 시간이 지난 후에 후회한들 다시 지나간 시간을 붙잡을 수 없다. 지금 이 순간이 당신에게 주어진 최선의 기회이다. 지금 이 순간이 가장 소중한 시간이다. 지금 이 순간의 행복과 축복을 만끽하라!

_유희태, 『마음에 꿈을 그려라』

501 | 프로와 아마추어의 차이

성공한 CEO들을 만나 인터뷰하면서 프로와 아마추어의 차이는 어디서 발생할까 생각해보곤 한다. 프로와 아마추어의 차이는 바로 얼마나 자신에 대한 믿음을 갖고 전문가가 되기까지 하나를 얼마나 파왔느냐에 달려 있었다. 성공한 CEO들의 이야기를 들어보면 오늘에 이르기까지 장기간의 선행 투자기간이 있었다. 철새처럼 여기저기를 옮겨다닌 이는 없었다. _김성회, 『CEO의 습관』

502 | 두려움은 성장을 미룬다

실패를 두려워하고 피한 대가는 가혹하다. 성장에 있어 최대의 장애 요소는 다름 아니라 실패를 두려워하는 것이기 때문이다. 두려움은 인간을 점점 나약하게 만든다. 또 모험과 실험을 가로막아 제자리에 안주하게 만든다. 그 결과 그 사람은 아무것도 배울 수 없게 되어 버린다. 나는 진정한 프로가 되려면 자신의 인생을 걸고 실수하는 모험도 감행할 줄 알아야 한다고 생각한다.

_윤생진, 『미치게 살아라』

503 | 구부러진 패배

무릇 패배란 것은 부러지는 유형과 구부러지는 유형이 있다고 한다. 부러지는 것은 완전한 파멸을 의미한다. 그것은 재기의 발판을 마련할 구실이나 의지마저도 없는 것이다. 그러나 구부러짐의 패배는 얼마든지 다시 일어날 힘을 갖고 있다는 걸 뜻한다. 그것은 대나무처럼 휘어졌을 뿐 다시금 꼿꼿이 일어설 수 있는 긍정적 의미의 패배이다.

_홍수환, 『누구에게나 한방은 있다』

504 | 전문가 인맥 만들기

도저히 해결할 수 없는 문제에 부딪히면 최대한 빨리 그 분야의 전문가를 찾아내 물어보라. 아무리 어려운 문제라도 단 5분 안에 해결해 줄 수 있는 누군가가 반드시 있다. 이렇듯 다른 사람의 도움을 받을 수 있는 능력은 매우 중요하다. 그리고 얼마나 많은 인맥을 만드느냐보다는 내가 처한 문제를 언제든 쉽게 도와줄 수 있는 '전문가 인맥'을 만드는 것이 중요하다. _이동조, 『히든 카드』

505 | 단순화된 메시지

복잡함과 혼란을 거부하는 잠재 고객의 기억 속에 들어가려면 메시지를 단순화시켜야 한다. 이를 위한 효과적인 방법이 있다. 한 단어에 초점을 맞추는 것이다. 예를 들어 고객들은 볼보하면 '안전'을 떠올린다. 여기서 배울 수 있는 교훈은 모든 것을 다 말하려 하지 말라는 것이다. 강력한 차별화 아이디어 한 가지에 초점을 맞추어 그것을 고객의 기억 속에 주입시켜라.

_잭 트라우트·스티브 리브킨, 『튀지 말고 차별화하라』

506 | 도전으로 극복하기

급속한 변화의 시기에 기존과 동일한 방식으로 행동하는 것은 위험하다. 이런 때일수록 움츠리지 않고 도전하는 것이 위기를 극복하게 해준다는 발상의 전환이 필요하다. 도전하지 않는 사람은 일할 의욕이 없는 사람이다. 오늘 하루가 진검 승부이고 매일 매일이 고비라는 생각으로 스스로를 몰아붙여라.

_스즈키 도시후미, 『도전하지 않으려면 일하지 마라』

507 | 실패의 반대말

사실 누구나 실패하지 않는 삶, 실패가 없는 성공적인 삶을 꿈꾸고 살아갑니다. 저도 마찬가지였습니다. 그래서 실패의 반대말은 당연히 성공이라고 생각했습니다. 하지만 실패가 소중한 경험이라는 것을 깨닫고 난 후에는, 실패의 반대말은 성공이 아니라 도전이 없는 삶이라고 생각하기 시작했습니다.

_김태원, 『젊은 구글러가 세상에 던지는 열정력』

508 | 작지만 위대한 파장

열정은 꿈 바라기의 출발이다. 무엇이 되고자 하는 뜨거운 마음 없이는 꿈을 꿀 수 없고 뜻을 이룰 수도 없다. 가슴이 뜨겁지 않은데 몸이 동할 수는 없다. 열정은 설렘이다. 꿈을 향해 나아가는 마음의 동요다. 열정은 현실을 딛고 있는 두 발을 움직인다. 간절함을 가리켜 꿈을 현실로 만드는 작지만 위대한 파장이라 하는 건 이 때문이다.

_박문성, 『사랑한다 내 꿈아』

509 | 도전하고 힘을 길러라

예전에 나는 편협한 시선으로 주어진 일에만 충실하고, 새로운 것과 맞닥뜨리는 것을 두려워했단다. 지금보다 더 젊었는데도 말이지. 그 때문에 불행이 입을 벌리고 다가와 나를 삼켜버렸지. 한 곳에만 머무르기를 좋아하고 힘을 기르지 않는 물고기는 남보다 빨리 천적에게 먹혀버리는 법이란다. _폴 J. 마이어, 『괜찮아, 잘 될 거야!』

510 | 낯선 나를 만들어가는 것

나는, 성격은 타고나는 면도 있지만 필요에 따라 만들 수도 있는 것이라고 생각한다. 그렇기 때문에 자신의 성격이 내성적이라고 해서 그리 걱정할 필요는 없다. 외국 생활은 내성적인 사람에게 좋은 도전 무대가 될 수 있다. 나를 아는 이가 없는 낯선 곳에서, 낯선 나를 만들어 가는 것은 아주 매력적인 일이기 때문이다.

_유수연, 『23살의 선택, 맨땅에 헤딩하기』

511 | 자기가 원하는 일

'좋아하는 것'과 '만드는 것'은 큰 차이가 있기 때문에 10년간 회사 생활을 하면서 그리고 학교도 다니면서 내가 진짜 이 일을 할 수 있을지, 재능이 있는지 계속 나 자신을 테스트한 것 같아요.

하지만 자신이 진정 좋아하는 일을 하면 어려운 고비가 왔을 때 이겨낼 수 있는 의지가 더 커지죠. 그래서 사람은 자기가 원하는 일을 해야 하는 건가 봐요. _조숙영, 『뉴욕에서 별을 쏘다』

512 | 21세기의 문맹

배우고, 배운 것을 잊고, 다시 배워라.

미래학학자 앨빈 토플러가 강조한 이 격언에는 이십 년 전 부자 아버지가 내게 말해 준 내용이 반영되어 있다.

"21세기의 문맹은 읽고 쓸 줄 모르는 것이 아니라 배우고 잊고 다시 배울 줄 모르는 것이 될 것이다."

_로버트 기요사키, 『부자 아빠 가난한 아빠』

513 | 나쁜 습관을 치유하라

나는 자신감의 부족으로 나 자신을 값싸게 팔아넘기는 습관을 치유했으며, 약한 건강과 육체적 고통에 대한 근심 등 우리를 짓누르는 7가지 원초적인 두려움 때문에 어려운 일을 쉽게 포기해버리는 습관을 치유했다. 그리고 스스로 결정한 한계 때문에 나 자신을 좁은 울타리에 옭아매는 습관을 치유했고, 내 정신을 조절해서 꿈을 성취하는 방향으로 끌고 가려는 야심 찬 의욕을 억누르는 습관을 치유했다. _나폴레온 힐, 『당신 안의 기적을 깨워라』

PART 10

인생의 안목과 센스를 기르는 방법

#독서법 #공부법 #독서의힘 #생각의힘 #주도적학습

'책 속에 길이 있다'는 말이 전설처럼 되어버렸다. 인터넷 속에 답이 있기 때문이다. 예전에는 어떤 문제가 생기면 깊게 고민하고 책도 찾아보고 주변 사람들에게 묻기도 했다. 하지만 지금은 PC나 스마트폰으로 인터넷에서 클릭 몇 번이면 원하는 답을 찾을 수 있다. 당연히 오래 고민할 필요가 없어진 것이다.

모든 문제는 아닐지라도 대부분의 문제는 쉽게 답을 찾을 수 있다. 간단하게 문제를 해결하는 버릇이 들면 생각이 얕아진다. 정말로 중요한 인생의 문제를 만났을 때 인터넷은 답이 될 수 없다. 바로 그럴 때, 책은 생각하는 힘을 길러준다.

514 | 자신감을 얻는 법

성공을 준비할 때는 잘 짜인 계획에 따라 위험을 감수하는 법도 배워야 한다. 능력에 자신이 있는 경우라면 도달할 수 없을 것 같은 학업목표를 향해 자신을 채찍질할 수 있다. 하지만 위험에 도전해 승리를 맛보는 경험을 쌓지 않고는 그런 자신감을 얻을 수 없다. 스스로를 운에 맡겨보지 않고는 자신의 능력을 알 길이 없다.

_다니엘 G. 에이멘, 『공부하는 뇌』

515 | 실패의 중요성

한 연구에서 프랑스 6학년 학생에게 아무도 풀지 못하는 어려운 문제를 주었다. 모든 학생에게 실패를 맛보게 한 후 절반의 아이에게는 어려움은 학습에서 꼭 필요하며 실패를 통해 더 성장할 수 있다는 10분짜리 강의를 들려줬다. 나머지 절반의 아이들에게는 문제를 풀기 위해 어떤 시도를 했는지를 물었다. 이후 모든 학생에게 단기기억을 측정하는 매우 어려운 시험을 보게 했다. 시험 결과 10분짜리 강의를 들은 아이들의 압승이었다.

_고영성·신영준, 『완벽한 공부법』

516 | 두 번 읽는 책

좋은 책은 다시 읽을 때 더 좋다고 하죠. 두 번째 읽을 때는 첫 번째 읽을 때와는 다른 색으로 밑줄을 쳐보세요. 처음 읽을 때 밑줄 쳤던 문장과 두 번째 읽을 때 쳤던 문장을 구분할 수 있으면 그동안의 변화와 성장을 확인할 수 있습니다.

_신정철, 『단 한 권을 읽어도 제대로 남는 메모 독서법』

517 | 한 권의 이득, 하루의 이득

중국의 황제 강희제는 원래 비길 만한 이가 없을 정도로 학문을 좋아한 이로, 젊은 시절부터 독서에 몰두했습니다. 하도 많이 책을 봐서 과로한 나머지 피를 토한 적이 있을 정도죠. 그는 삼번의 난으로 눈코 뜰 새 없이 바쁜 와중에도 하루도 독서를 거르지 않았습니다. 독서의 효용에 대해 강희제는 만년에 이렇게 말합니다.

"한 권의 책을 읽으면 한 권의 이득이 있고, 하루 독서를 하면 하루의 이득이 있다."

_유필화, 『승자의 공부』

518 | 정신의 요구에 귀를 기울여라

몸은 현재의 행복을 추구하고 뇌는 더 긴 안목으로 미래의 행복을 추구한다. 물론 현재의 행복이 중요한 때도 있다. 그러나 대개는 후자가 더 현명한 선택이다. 둘 다 생존의 문제를 거론하지만, 당장 죽고 살거나 몸에 이상이 생기는 문제가 아니라면 뇌의 요구, 즉 정신의 요구에 귀를 기울여야 한다. 정신의 요구에 귀를 기울이는 사람 중에 공부를 못하는 사람은 없다.

_조병학, 『천재들의 공부법』

519 | 인문학을 한다는 것

심리학자들의 연구 결과에 따르면 인간은 하루에 약 6만 번의 생각을 한다고 한다. 그런데 그중 약 95퍼센트는 어제 했던 생각의 반복이라고 한다. 나머지 5퍼센트도 마찬가지다. 창조적인 생각과는 거의 관련이 없다. 인문학을 한다는 것은 인류의 문명을 건설한 천재들의 생각과 만난다는 의미다.

_이지성, 『생각하는 인문학』

520 | 성공의 인상을 새겨라

일상 속에서 많은 성공 경험을 찾아내어 의식적으로 자신 안에 성공의 인상을 새겨둘 필요가 있다. 왜냐하면 실패의 인상만 가진 채로 살아간다면 자신을 믿는 힘이 약해지기 때문이다. 그렇게 되면 성공과 정반대 방향, 다시 말해 실패 경험이 주는 피해가 눈덩이처럼 불어난다.

_야마구치 마유, 『7번 읽기 공부법』

521 | 공부와 운동

혼자 공부하는 모든 사람을 위한 첫 번째 공부 원칙은 운동이다. 단언컨대 공부의 시작은 운동이며, 공부를 잘하고 싶은 사람은 운동부터 해야 한다. 한번 생각해보자. 조금 전에 언급한 유명한 사람들이 바쁜 일정 중에 '운동까지 했음에도 불구하고' 성공한 것일까? 아니다. 정반대다. 그들은 운동을 했음에도 불구하고 성공한 것이 아니라, '운동을 했기 때문에' 성공할 수 있었다.

_한재우, *『혼자 하는 공부의 정석』*

522 | 안다고 생각하면 지루해진다

인간은 아는 것이 많아지고 익숙해질수록 자신의 인지 체계에 맞춰 대상을 왜곡하는 하향식의 방식으로 세상을 보는 경향이 강해집니다. 한편 창의적인 발견은 대부분 일상에서 새로운 무언가를 찾아내는 것입니다. 일상의 장면을 모두 안다고, 별것 없다며 간주하고 바라보면 결코 새로운 발견을 할 수 없겠죠.

_이화선, *『지금 시작하는 생각 인문학』*

523 | 자투리 시간을 쓰는 방법

자투리 시간은 비교적 짧고, 자리에 앉아 있는 시간보다 서서

기다리거나 움직이는 시간이 많다. 이렇게 앉아서 집중하기 어려울 땐 머릿속의 눈으로 공부한 내용을 복습하는 게 효과적이다. 그래서 어느 정도 공부하여 내용을 이해하고 있는 책을 보는 게 좋다. 밑줄이나 표시가 잘되어 있다면 더욱 좋다. _구맹회, 『공부귀신들』

524 | 지금, 여기

바둑은 지금 여기, 현재가 중요하다고 말한다. 바둑을 둘 때는 모든 잡념을 버리고 오로지 바둑판 위에 마음을 집중해야 한다. 우리의 삶도 마찬가지다. 지금 있는 자리가 최선의 자리다. 지금 이 순간이 다시없는 소중한 시간이다. 모든 꿈의 출발은 '지금, 여기'다.

_조훈현, 『조훈현, 고수의 생각법』

525 | 태도를 바꿔라

같은 태도로 공부한다면 늘 얻던 것만 얻게 될 것이다. 그것이 시간관리든, 목표 설정이든, 집중의 정도든, 공부하는 자세든, 습관적으로 만지작거리는 스마트폰이든 말이다. 그 무엇이 되었든 어제와 오늘처럼 공부하는 한, 내일의 변화는 없을 것이다. 그리고 당신은 한 가지를 더 기억해야 한다. 제자리걸음을 하더라도 신발은 닳는다는 사실을 말이다.

_한재우, 『하루 5분 공부 각오』

526 | 일단 끝까지 읽어라

많은 사람들이 '이 부분을 이해하지 못하면 다음 대목도 이해하지 못할 거야.'라는 불안감 때문에 모르는 부분을 반복해서 읽는다. 하지만 이러한 상황이 반복되다 보면 책 읽기에 지치게 되고 결국 책 읽기를 포기하게 된다. 책을 끝까지 읽으며 전체적인 흐름을 파악하면 이해의 폭이 넓어진다. 때문에 몰랐던 부분이 단번에 이해되는 경우가 많다.

_유근용, 『일독일행 독서법』

527 | 무엇을 열심히 해야 할까

부모님은 말한다. 선생님도 말한다. 선배들도 말한다. "열심히 해라." 듣는 우리는 답답하다. 뭘 어떻게 열심히 하라는 걸까? 단지 공부를 열심히 하라는 것인가? 학생이라면 학교 공부를 열심히 하면 된다고 치자. 학교를 졸업한 사람들은? 또 직장인들은? 그저 시키는 일만 열심히 하면 되는 것인가?

_고명환, 『책 읽고 매출의 신이 되다』

528 | 고통의 순기능

정신적으로 성숙하다는 것은 생각이 깊다는 의미이기도 하다. 우리가 살아가면서 언제 생각이 깊어졌는지 한번 생각해보자. 그것은 다름 아닌 고통스럽고 힘들 때다. 즉, 힘들고 고통스러운 상황이 정신적으로 성숙하는 데 도움이 되는 것이다. 어느 유행가 가사처럼 아픈 만큼 성숙해지는 것이다. 이것이 고통의 순기능이다.

_황농문, 『공부하는 힘』

529 | 내일 읽을 책을 정하라

의외일지도 모르지만 하루 한 권 독서를 실현하고자 할 때는 내일 읽을 책이 정해져 있는 게 무엇보다 중요합니다. 왜냐하면 내일 읽을 책을 실제로 내일 읽기 위해서는 오늘 읽을 책을 오늘 중에 다 읽어야만 하기 때문입니다. 이는 업무 스케줄을 짤 때도 상통하는 부분입니다. 회의를 효율적으로 진행하기 위해 회의 직후에 다른 일정을 넣는 방법을 쓰기도 합니다.

_인나미 아쓰시, 『1만 권 독서법』

530 | 빠른 책 읽기

빠른 책 읽기는 굳이 시험공부하듯이 꼼꼼하게 읽을 필요가 없다. 그냥 편안하게 여행하듯이 호기심을 가지고 즐기면 된다. 그러다 보면 자신에게 느낌으로 오는 것이 있고, 그 느낌이 아주 자연스럽게 편도체를 자극해 장기기억으로 저장된다. 그것이 빠른 책 읽기의 장점이며 빠른 책 읽기가 단순히 양으로 승부하는 독서법이 아니라는 것의 증명이기도 하다.

_김동하, 『우뇌 혁명』

531 | 일의 우선순위

성공하는 사람들이 대부분 갖고 있는 공통 특징이 있다. 모든 일을 효율적으로 분류하고 정리하는 습관이다. 성공하는 사람들은 지금 할 일과 나중에 할 일을 명확히 구분하는 능력을 가지고 있다. 중요도나 긴급성이라는 기준에 따라 자신의 상황에 맞게 우선순위를 정할 수 있어야 어떤 일을 남들보다 잘 해낼 수 있다.

_홍진표, 『생각 코딩, 머리를 잘 쓰는 사람들의 비밀』

532 | 관성의 법칙

아무리 싫은 일이라도 일단 시작하면 자연스레 그 일의 흐름을 타서 차츰 몰입하게 되고, 그러면 어느새 나도 모르게 좋아지게 된다. 남다른 의욕이 있어 시작하는 게 아니고 시작하면 의욕이 생기는 것이다. … 일단 시작하면 다음은 절로 계속하게 되는 관성의 법칙, 그리고 '작업흥분'이 작동되기 때문이다.

_이시형, 『공부하는 독종이 살아남는다』

533 | 강약 조절

시험에 합격하고 싶다면 중요한 곳에는 많은 시간과 노력을 써야 하고 중요하지 않은 곳에는 상대적으로 적은 노력과 시간을 써야 한다는 것은 두말할 필요도 없다. 시험에 실패하는 사람 중에는 모든 것을 다 잘 하려고 하다가 실패하는 사람이 많다. 사람의 체력과 시간은 한계가 있기 때문에 강약을 조절할 줄 알아야 한다.

_조우상, 『합격공부법』

534 | 일의 난이도 따지기

온종일 일에 몰입하기 어렵다고 느낀다면, 그 일의 난이도가 어떤지 질문해보는 것이 좋다. 지루함을 자주 느낀다면, 자신이 지닌 고유한 기술을 동원해야 하는 업무를 하고 있는지 고민해보자. 여전히 마음이 자주 방황한다면, 업무가 적절하게 복잡하지 않아서 주의집중 영역을 충분히 할애하고 있지 않다는 좋은 신호다.

_크리스 베일리, 『하이퍼포커스』

535 | 차이를 만드는 독서

독서의 효용은 위대한 저자들의 견해, 사고방식, 다시 말해 그들의 필터를 들여다볼 수 있다는 데 있다. 이 작업이 다른 사람과의 '차이'를 만드는 데에 도움이 되고 나의 성장으로도 이어진다.

_도이 에이지, 『그들은 책 어디에 밑줄을 긋는가』

536 | 독서의 치유

독서가 치유의 효과가 있다고 느낀 순간이었다. 책 읽기에 빠지는 강렬한 힘은 이런 것이다. 지금은 글귀를 보아도 그때만큼 감동적이지 않다. 위로받고 싶은 마음이 글귀와 딱 맞아떨어진 것이다. 두통이 왔을 때 소화제보다 두통약이 효과를 보는 것과 같다. 마지막 문장 "그래 내 마음이여, 그래 내가 다 안다." 그 짧은 글귀가 빙산처럼 꽁꽁 얼었던 마음을 눈 녹듯 녹여주었다. _장인옥, *『일일일책』*

537 | 자기 것으로 만드는 독서

직장인이라면, 책은 하루에 20~30분 정도만 읽어도 좋다. 나머지 시간은 독서한 내용을 실천하며 무엇이 옳은지, 어떤 것이 나에게 적합한지 실험하라. 책을 읽고 느낀 것을 삶에서 적용하고 깨달아야 자기 것이 된다. _이희석, *『나는 읽는 대로 만들어진다』*

538 | 독서의 요령

책을 반드시 끝까지 읽어야 하는 것은 아니다. 단 한 줄이 평생의 보물이 되기도 한다. 완독에 대한 부담감 때문에 선뜻 책에 손이 가지 않는 것이다. 인상에 남을 한 줄의 문장을 찾고자 하는 마음으로 책을 읽는 것도 독서의 요령이다. _사이토 다카시, *『독서력』*

539 | 5초 공부법

마음이 전혀 내키지 않는데도 책상 앞에 앉는 경험을 해보는 것만으로 긍정적인 마인드 효과가 있습니다. 공부를 할 때는 무엇보다도 '시작하는데 방해가 되는 것들'을 물리치는 것이 중요합니다. 5초 공부법은 슬럼프가 찾아왔을 때뿐만 아니라 평소 공부할 때도 능률을 올릴 수 있는 좋은 방법입니다. 책상 앞에 앉기 싫어질 때 '딱 5초만 앉아서 해보자'는 생각으로 공부에 임하는 자세를 가다듬어봅시다.

_이와나미 구니아키, 『미친 집중력』

540 | 본 것과 읽은 것의 차이

잘 읽었는데도 어떤 형태로든 표현할 수 없다면 읽었다고 할 것이 아니라 잘 보았다고 말해야 한다. '본' 것과 '읽은' 것은 천지 차이다. 읽었다는 말에는 잘 이해하고 소화했다는 의미가 내포되어 있다. 책 내용에 대해 의문을 던지고 질문도 하지 않으면서 눈동자로 문자만 훑어가는 행위를 하며 읽었다고 말할 수는 없다. 그것은 글자를 본 것이다.

_장대은·임재성, 『더 넓고 더 깊게 십진분류 독서법』

541 | 디테일보다 큰 그림 먼저

지나친 정보와 지식은 오히려 사고의 생산성을 떨어뜨린다. 이러한 사고 구조에 빠지지 않으려면 탄탄한 의문 검증 절차를 확실하게 밟아야 한다. 업무 성과가 높은 사람은 처음부터 원인과 전략 같은 세부적인 사항으로 뛰어들거나 무작정 일부터 벌이는 것이 아니라 '어떤 구조와 과정을 통해 그 문제를 해결할까'를 먼저 생각한다.

_와타나베 고타로, 『단순한 사고의 힘 5W1H』

542 | 기억력 훈련

기억은 우리가 누구인지를 알려주기에 아주 중요하다. 기억을 못하면 우리 삶은 혼란 그 자체가 될 것이다. 기억력 훈련은 미래의 정신 건강을 지키기 위한 투자가 되기도 한다. 나는 '쓰지 않으면 사라진다'는 학설을 강력하게 믿는다.

_도미니크 오브라이언, 『뇌가 섹시해지는 책』

543 | 소설을 읽는 이유

나에게 주어진 불행과 삶의 모순들이 다른 장소, 다르게 살고 있는 소설 속 누군가의 삶에서 반복되는 것을 보았고, 그로 인해 나의 삶을 고찰하게 되었다. 그리고 그 모순과 문제들의 해결만이 인생의 목표가 아니라고, 나의 하루에 일희일비하는 작은 순간들도 삶의 중요한 내용들임을 말해 주었다.

_유수연, 『인생 독해』

544 | 완벽한 시작은 없다

도전을 시작하려고 머리로 요리조리 생각하다 보면 도전하지 않아도 되는 여러 가지 이유가 생기기 시작합니다. 그래서 결과적으로 도전을 못하는 근사한 자기 합리화나 핑계가 생기고 마침내 도전을 포기합니다. 뭔가를 시작하기 전에 완벽한 때는 없습니다. 홍콩의 영화감독, 왕가위가 한 말입니다. 완벽하게 시작하기 좋은 때를 기다리다 몸에 때만 낍니다. 누구도 완벽하게 시작할 수 없습니다.

_유영만, 『유영만의 생각읽기』

545 | 무한한 가능성과 상상력

어떤 이들은 가능성이 한정되어 있기 때문이 아니라 오히려 무한하기 때문에 절망을 느낀다. 대부분 사람은 살면서 필요한 것을 얻기 위해 어떤 일에 매이지만 개중에는 그런 필수적인 일이 자신의 상상력을 가로막지 못하게 한다. 그들은 끊임없이 새로운 가능성을 상상한다. 그중 하나도 실현하지 못할지라도 말이다. 키르케고르의 말처럼 "그 무엇도 실제가 되지 않기 때문에 점점 더 많은 것이 가능해"진다.

_에드워드 할로웰, 『하버드 집중력 혁명』

546 | 인문에서 힘을 얻다

인문고전을 읽을 때는 내용이 어렵다는 생각으로 글자에만 집중하는 경향이 있다. 하지만 책을 읽을 때는 항상 현실과 연결지어 생각해 보는 습관을 들여야 한다. 인문고전도 내 삶과 우리 사회의 유용을 위해 읽는 것이기 때문에 오늘과 동떨어져 생각해서는 안 된다. 인생을 살아갈 수 있는 근본적인 힘을 얻어야 한다.

_이상민, 『*나이 서른에 책 3,000권을 읽어봤더니*』

547 | 잡담력과 말솜씨

"말솜씨는 타고난다. 따라서 잡담력은 그렇게 간단하게 익힐 수 있는 능력이 아니다"라는 말은 큰 오해다. 잡담력은 선천적인 능력이 아니다. 이야기에 알맹이가 없어도 괜찮다. 일상적인 인사에 플러스알파만 있으면 충분하다. 결론을 내지 않아도 상관없다. 오랫동안 이야기할 필요도 없다. 아니, 이야기하지 않는 편이 낫다.

_사이토 다카시, 『*잡담이 능력이다*』

548 | 스피치의 힘

인류 역사를 돌이켜 보면 스피치의 힘이 사회적 변화에 얼마나 작용했는가를 알 수 있다. 한 나라의 운명을 좌우하기도 하고,

풍전등화의 위기에서 자국은 물론 국제 평화까지 쟁취했으며, 도산 위기에서 회사를 재건하기도 했고, 경제 불황을 활성화시키기도 했으며, 인종 차별의 타파 등 참으로 스피치는 가공할 만한 위력을 지녔다.

_김양호, 『킹스 스피치』

549 | 삶의 원천, 독서

좋은 책은 우리에게 힘을 준다. 좋은 책은 다르게 보고, 듣고, 느끼고, 생각하게 만드는 힘을 준다. 그런 책을 자주 만나면 가슴 뛰는 독서를 할 수 있다. 가슴 뛰는 독서가 반복되면 삶이 즐거워진다. 매일 미소 지을 수 있고 여유가 생기고 표정이 밝아진다. 이것이 바로 가슴 뛰는 독서의 유익이고 삶의 원천이다.

_유길문·김승연, 『지금 당장 도서관으로 가라』

550 | 자강불식의 자세

이 정도만 됐겠지! 하는 안주에서 벗어나 쉬지 않고 나를 변혁하고 강하게 만들어야 합니다. 어제와 다른 나를 만들고 오늘과 다른 내일을 만드는 것이 자강불식의 역동적 삶의 자세라고 이야기합니다. 거친 호흡을 멈추지 말고 쉼 없는 자강불식의 자세로 우리의 아름다운 미래를 만들어가야 합니다.

_박재희, 『3분 고전』

551 | 공자의 고독

공자도 자신이 걸어가는 길이 올바르다고 확신했지만 시대로부터 열렬한 지지를 받기는커녕 냉담한 거절을 당했다. 하지만 그는 낙담하지 않았고 자신이 가고자 하는 길을 간다면 어딘가에 자신을 이해해주고 자신의 어깨를 다독이며 따뜻한 말을 건네줄 사람이 있다고 확신하고 있다. 이는 괜한 허상이 아니라 있을 수 있는 삶의 실상이다.

_신정근, 『*마흔, 논어를 읽어야 할 시간*』

552 | 변화를 위한 실마리

책을 읽는 사람들은 가슴속에 한마디를 담고 있습니다. "도와줘!" 우린 보르헤스의 「바벨의 도서관」에 나오는 사람들처럼 자기 자신을 위한 단 한 권의 책을 찾으리란 희망으로 책장을 들춥니다. 그러므로 이런 질문을 던지는 사람이라면 대답을 찾는 과정에서 반드시 삶의 변화를 위한 실마리를 찾아내야만 하는 겁니다.

_정혜윤, 『*삶을 바꾸는 책 읽기*』

553 | 암시하는 뇌의 힘

우리의 뇌는 실제 경험하지 않은 상상마저도 자신의 정보로 저장한다고 합니다. 그러니 암시문은 우리 뇌에 강력한 메시지가 되고, 그것을 경험한 것 같은 강력한 힘을 발휘할 수 있습니다. 아이들도 부모님들도 자신이 이루고자 하는 것과 관련하여 적절한 암시문을 하나씩 가지는 건 어떨까요?

_이상주, 『공부 열광』

554 | 목적을 갖고 공부하라

'왠지 공부해야 할 것 같아서' 하는 사람과 '목적을 갖고 공부하는 사람' 중 누가 더 빠른 속도로 공부한 내용을 흡수할까? 두말할 것도 없이 '목적을 갖고 공부하는 사람'이다. … 이처럼 목적이 확실하면 뇌의 처리속도가 빨라진다.

_소노 요시히로, 『1년에 500권 마법의 책읽기』

555 | 성공은 독서력과 함께

동서고금을 막론하고 역사적 위인이나 성공한 리더들의 공통점은 독서력이 뛰어났다는 것이다. 세종대왕과 이순신, 나폴레옹, 처칠, 루스벨트에서 오늘날의 빌 게이츠나 대한민국의 성공한 CEO들에 이르기까지 책을 가까이하지 않은 사람을 찾아보기 힘들다.

_최진, 『대통령의 독서법』

556 | 책을 읽는 동안의 침묵

말이 많은 사람의 장점은 아는 것이 많다는 것을 세상에 알릴 수 있다는 것입니다. 말이 많은 사람의 단점은 아는 것은 많은데 정확히 아는 것은 별로 없다는 것을 세상에 들키고 만다는 것입니다. 사람들이 왜 그토록 책을 읽으라고 하는지 아십니까? 책 속에 엄청난 지혜가 들어 있어서가 아닙니다. 책을 읽는 동안에는 말을 내보낼 수 없기 때문입니다. _정철, 『내 머리 사용법』

557 | 공부의 권리

하지만 공부가 의무가 된 것은 인류 역사에서도 극히 최근의 일이며, 지구상에는 공부를 하고 싶어도 할 수 없는 사람이 바닷가의 모래알처럼 많다. 사실 공부를 하는 것은 인류가 오랜 역사 속에서 쟁취한 권리이며, 직업을 고르고 꿈을 선택하는 자유를 실천하기 위한 것이기도 하다. _모토야마 가쓰히로, 『16배속 공부법』

558 | 어디서든 길을 찾는 힘

누가 길을 가르쳐주기를, 누가 확실한 목표를 정해주기를, 누가 자신의 분야를 정해주기를 바라는 사람들이 얼마나 많은가. 이런 사람들은 결코 스스로 길을 찾지 못하며 위기가 다가오면 주저앉기 십상이다. 어떤 위기 상황에서도 길을 찾는 역량은 평소 길을 잃고 또 찾는 용기에서부터 자라기 때문이다. _김진애, 『도시 읽는 CEO』

559 | 목적이 이끄는 삶

'삶을 사는 방식은 두 가지다. 하나는 모든 일이 기적인 것처럼 사는 것이고, 다른 하나는 어떤 일도 기적이 아닌 것처럼 사는 것이다.' 아인슈타인의 말이다. 그가 말하는 기적은 과연 무엇인가? 바로 과정에서 순간순간 성취의 놀라움을 맛보며 사는, '목적이 이끄는 삶'이다. _박성후, 『포커스 리딩』

560 | 학습관리의 세 가지 영역

자기관리에는 세 가지 분야가 있다. 학습관리, 환경관리, 시간관리이다. 학습관리는 공부를 대하는 나의 태도와 습관이다. 환경관리란 공부와 관련된 내적 외적 환경을 관리하는 것이다. 시간관리가 잘 안 되면 3일 동안 시간 사용 패턴을 분석한다.

_서상민·서상훈, 『한 번에 합격하는 올패스 공부법』

561 | 하루 30분의 힘

꾸준히 1일 30분씩 공부를 하면서 1년에 300일로 가정하여

150시간, 5년이면 750시간, 10년이면 1500시간을 공부한 셈이 된다. 하루의 실질적인 활동시간 17시간으로 나누면 각각 꼬박 9일, 44일, 88일이나 공부한 결과가 나온다. _후루이치 유키오, 『1일 30분』

562 | 미래는 창의성이다

미래사회는 책읽기의 양에 따라 지식이 좌우되는 시대가 아니다. 한 권이라도 제대로 읽어 창의적인 아이디어들을 확보하는 것이 중요하다. 비단 책읽기뿐만 아니라 지식 노동자들이 펼치고 있는 활동의 대부분에서 창조성 결여에 의한 심각한 식민지 상태가 적용되고 있기 때문이다. 자신의 일과 생활에서 창조성을 일깨워 의미 있는 것을 만들어 내지 못하는 것, 이것이 현대 지식인들에게 식민지를 경험하게 하는 것이다. _안상헌, 『어느 독서광의 생산적 책읽기 50』

563 | 문제를 드러내라

해결되지 않은 문제가 있을 때 덮어두려고만 하면 오히려 필요 이상으로 불안해지는 경험이 있을 것이다. 차라리 겉으로 드러낼 때 냉정하게 대처할 수 있다. 메모도 마찬가지다. 늘 지니고 다니는 것, 늘 보이는 곳에 메모한다. 나는 다이어리 밖으로 삐져나올 정도로 크고 선명한 형광 포스트잇을 사용한다.

_사카토 겐지, 『메모의 기술』

564 | 불확실함이 주는 힘

목표는 추구해야 할 분명한 지향점을 제공한다는 점에서 충분한 가치가 있다. 그곳에 어떻게 도달할 수 있을지에 대해 세세한 부분까지 사전적으로 결정해 버리면 의욕은 감퇴된다. 본래 인간이란 미지의 세계를 향해 가면서 불확실함과 위험이 뒤따를 때 자신의 역량을 극대화한다. 독서도 마찬가지다. 몇 권이라는 지향점이 분명히 주어지면, 어떤 책들을 발판으로 그곳으로 나아갈지 고민하게 된다.

_공병호, 『핵심만 골라 읽는 실용독서의 기술』

565 | 출퇴근 독서 시간

실제 시간을 쪼개 책읽기가 어려운 것은 시간 자체가 부족해서가 아니다. 그보다는 중간 중간 처리할 일들이 다양하게 생기기 때문에 독서모드가 오래 지속되지 않아서다. 출퇴근 시간은 걸려오는 전화를 빼면 아무도 간섭하지 않는 하루 중 가장 오랜 시간이다. 그래서 대부분의 독서광들이 이 시간을 활용하다가 책읽기에 빠지게 됐다고 입을 모은다.

_구본준·김미영, 『서른살 직장인 책읽기를 배우다』

566 | '왜'라는 질문을 던져라

세상의 모든 존재물은 존재의 이유와 생성의 목적이 있다. 그 목적만 제대로 들여다봐도 실패의 굴레에서 벗어날 수 있다. 변화와 진화를 통찰할 수 있는 것이다. 그러면 어떻게 해야 존재의 목적을 찾아낼 수 있을까. 해답은 '왜'라는 질문에 있다. '왜 이것을 해야 하는가', '왜 존재하고 있는가' 등 질문의 범위를 좁혀가다 보면 '무엇을', '어떻게'와 같은 해결 방법을 도출해낼 수 있다.

_황인원, 『시 한 줄에서 통찰은 어떻게 시작되는가』

567 | 무지개 독서법

인문고전 독서가 좋다는 것은 아는데, 어디서부터 어떻게 시작할지 모르는 사람들이 대부분이다. 그래서 천재 독서법의 7가지 핵심 키워드(경험, 재미, 궁금증, 중요, 메시지, 필사, 비판적 글쓰기)를 바탕으로 누구나 쉽게 인문고전을 접할 수 있는 '무지개 독서법'을 개발했다.

_서상훈, 『천재 독서법』

568 | 기억 출력

기억이라고 하면 머리에 넣는 입력만 생각하기 쉽다. 그러나 입력만 하고 입력한 것을 떠올리는 작업, 즉 상기시키는 작업을 하지 않으면 기억은 머릿속에 남지 않는다. 이를테면 공부는 '기억 시간 + 상기 시간'이라는 두 가지의 작업이 세트로 이루어져야 한다.

_무쿠노키 오사미, 『리스타트 공부법』

PART 11

인간관계에도 정답이 있다면

#인간관계 #대화 #화술 #설득 #협상 #타인

우리의 삶이란 인간관계라는 틀 속에서 엮어가는 이야기이다. 이 이야기의 완성을 위해서는 다양한 사람들이 등장하게 된다. 좋은 사람들만 있을 수도 없고, 나쁜 사람들만 있을 수도 없다. 나 또한 다른 사람들의 이야기에서는 좋은 사람일 수도 있고, 나쁜 사람일 수도 있다.
인생이라는 한 편의 이야기는 나만 혼자 써나갈 수 없다. 좋든 나쁘든 등장인물들과 '같이' 가야 '가치'가 있는 이야기가 써질 수 있다. 이를 인정한다면 우리가 만나는 어떤 사람이든 그 '가치'를 인정하고 '같이' 갈 수 있다. 인간관계에 있어 가장 중요한 것은 말이다. 그렇다면 어떤 말이 나를 매력적인 사람으로 만들어 줄 수 있을까?

569 | 기분과 태도

크고 작은 차이만 있을 뿐이지 누구나 기분을 드러낸다. 내 기분은 내 선에서 끝내야 하는데 나도 모르게 겉으로 드러난다. 하지만 기분과 태도는 별개다. 내 안에서 저절로 생기는 기분이 스스로 어찌할 수 없는 것이라면, 태도는 다르다. 좋은 태도를 보여주고 싶다면, 소중한 사람에게 상처 주고 싶지 않다는 마음만 있다면, 우리는 충분히 태도를 선택할 수 있다.

_레몬심리, 『*기분이 태도가 되지 않게*』

570 | 기분과 대화의 질

그런데 기분도 감정, 사고, 행동, 관계에 영향을 준다. 기분이 가라앉은 상태이거나 불안정하고 변덕스러우면, 다른 네 가지 요소가 나빠지거나 불안정해진다. 반대로 기분을 잘 조절하면, 다른 네 가지 요소에 좋은 변화를 일으킬 수 있다. 즉, 기분을 바꾸면 대화의 질을 바꿀 수 있다.

_후지요시다쓰조, 『*뻔뻔하게 말해도 마음을 얻는 대화법*』

571 | 대화를 잘하려면 열심히 들어라

사람들이 당신을 피하고, 당신 모르게 당신을 조롱하고, 심지어 경멸하게 만드는 방법을 알고 싶다면 그 비결을 알려 주겠다. 절대로 다른 사람의 말을 오래 듣고 있지 마라. 끊임없이 당신에 대한 이야기를 늘어놓아라. … 대화를 잘하는 사람이 되기 원한다면 다른 사람의 이야기를 열심히 듣는 사람이 되어야 한다.

_데일 카네기, 『데일 카네기 인간관계론』

572 | 진짜 가치로 마음을 움직여라

'진짜 가치를 표시해야 한다'는 조언은 비단 비즈니스 분야에만 적용되지는 않는다. 이것은 다른 사람의 마음을 움직여야 하는 모든 일에 해당되는 얘기다. 중요한 보고서를 마무리해야 하는 동료를 도와주려고 한다면, 이렇게 말하는 게 좋다. "그 일이 너의 직장생활에 얼마나 중요한지 알고 있기 때문에 너와 기꺼이 야근을 함께할 수 있다."

_로버트 치알디니, 『설득의 심리학』

573 | 사람을 알 수 있다는 착각

우리는 몇 가지 단서를 설렁설렁 훑어보고는 다른 사람의 심중을 쉽게 들여다볼 수 있다고 여긴다. 낯선 이를 판단하는 기회를 덥석 잡아버린다. 물론 우리 자신한테는 절대 그렇게 하지 않는다. 우리 자신은 미묘하고 복잡하며 불가해하니까. 하지만 낯선 사람은 쉽게 이해할 수 있다고 생각한다.

_말콤 글래드웰, 『타인의 해석』

574 | 나의 경험, 당신의 경험

대부분의 경우 당신은 상대의 이야기와 당신 자신의 경험을 비교함으로써 상대를 이해하려 든다. 이것이 당신이 생각하는 전부라면, 당신은 마치 상대가 당신 자신인 것처럼 생각하고 있는 것이다. 하지만 분명 그 사람은 당신이 아니다! 따라서 당신 자신의 경험에 문의하는 것이 진정한 이해를 위한 출발점이 되어서는 안 된다.

_셀레스트 헤들리, 『말센스』

575 | 간단하고 가볍지만 좋은 말

대인관계를 유지하기 위해서 꼭 남을 추켜세우며 듣기 좋은 말을 할 필요는 없다. 대화 상대에게 조언을 하거나 상대의 언행을 부정하는 대신 눈에 보이는 그대로를 입 밖으로 꺼내 보면 그만이다. 예를 들어 상사라면 부하직원에게 "요즘 얼굴이 밝네!"라고 가벼운 말을 건네고, SNS에 올라온 친구 사진에 '좋아요' 버튼을 누르는 일처럼 간단하다.

_이오타 다쓰나리, 『말투 때문에 말투 덕분에』

576 | 착하다는 것은 유능한 것이다

기업 세계에서 유능한 사람의 동의어는 착한 사람이다. "착하기만 하고 무능한 사람도 많다"고 반론할 수도 있다. 그러나 이런 말은 성립하지 않는다. 앞에서 여러 차례 강조했듯 착함의 속성인 이타성을 실현하기 위해서는 무능할 수 없다. 착한 사람은 성실하고 유능하다. 동료와 고객을 이롭게 하려고 최선을 다한다. 지성과 배려심, 실천력을 갖췄다.

_곽근호, 『착한 사람이 이긴다』

577 | '멘탈 뱀파이어'를 퇴치하라

헤어지면 마음이 찢어질 것 같고 익숙한 것에서 벗어나야 해서 힘들겠지만 이와 같은 사람에게 분명히 지속적으로 당하고 있다면 관계를 끊어야 한다. 너무 잔인한 것 같아서 혹은 상대가 불쌍한 것 같아서 주춤하는 것만 아니라면 멘탈 뱀파이어와 관계를 끊을 때 즐거움을 느낄 수 있다. 이들과 관계를 끊으면 진정한 나로 돌아오고, 내 자신을 되찾을 수 있다.

_스테판 클레르제, 『기운 빼앗는 사람, 내 인생에서 빼버리세요』

578 | 가시를 세워야 할 때

타인을 과도하게 허용하는 것은 자신에 대한 학대다. 온화하고 선량한 것도 좋지만 필요하다면 자신을 위해 싸울 수 있는 무기인 '까칠함'도 갖춰야 한다. 기억하자. 강해야 할 때는 강하게, 부드러워야 할 때는 부드럽게 변할 줄 아는 사람만이 인간관계에서 자신을 지킬 수 있다.

_무옌거, 『착하게, 그러나 단호하게』

579 | 내면의 말을 이해하라

자기 의견을 말로 잘 표현하고 싶다면 먼저 자기 생각과 의견 즉, 내면의 말에 대해 깊이 이해하는 과정을 거쳐야 한다. 자기 의견을 말할 때 떠오르는 대로 그 자리에서 그럴듯하게 둘러맞추기만 해서는 상대를 이해시키기 어렵다. 막연하게 생각하다가 흐지부지 넘어가는 습관을 버려야 한다. _우메다 사토시, 『말이 무기다』

580 | 우정의 끝

우정이 끝났는지 아닌지는 직감으로 알 수 있다. 왜냐하면 사람은 진화하고, 변하고, 인생이 지속되는 동안 성장하기 때문이다. 끝나버린 우정에 대해서도 둘 중 하나가 '잘못한 사람', '나쁜 쪽' 역할을 맡을 이유가 없다. 누가 더 잘했는지 잘못했는지를 판가름할 이유도 없다. 그저 우정이 끝난 것일 뿐, 그게 다른 무언가를 의미할 필요는 없다. _안드레아 오언, 『어쨌거나 마이웨이』

581 | 기본적 귀인 오류

타인의 행동을 평가 혹은 해석할 때, 주변 상황보다는 그 사람에게 내재된 기질 때문에 그런 결과가 나왔다고 오인하는 경우가 많다. 심리학에서는 이를 '기본적 귀인 오류'라고 부른다. 평소 예쁘게 여기는 직원이 좋은 성과를 거두면 주변 환경의 덕을 많이 본 것이었다 해도 그 직원이 원래 잘났기 때문이라고 평가하기 쉽고, 반대로 미운 털이 박힌 직원이 뛰어난 업적을 달성했다면 그저 운이었거나 상황이 우호적이었기 때문이라고 폄하할 가능성이 크다.

_유정식, 『착각하는 CEO』

582 | 좋은 연설은 짧다

연설은 무작정 오래 한다고 해서 좋은 것이 아니다. 문제는 시간이 아닌 콘텐츠다. 좋은 내용을 전달해야 청중이 한눈팔지 않고 경청한다. 미국 독립선언서를 기초한 토머스 제퍼슨(Thomas Jefferson)은 말했다. "3분 연설을 하려면 3주를 준비해야 한다. 10분 연설을 위해선 1주일이 필요하다. 한 시간을 연설하려면 당장 해도 된다."

_오수향, 『1등의 대화습관』

583 | 분노와 꾸짖음의 차이

앞서 자신의 화난 상태를 해소하기 위해 감정을 드러내는 것이 '분노'이고, 상대방의 성장을 위해 쓴소리하는 것이 '꾸짖음'이라고 이야기했다. 상대방을 위하는 마음을 유지하기 위해서는 냉정해야 한다. 상대를 반성하게 하고, 행동을 바꾸고 싶다면 감정을 억누르고 냉정하게 꾸짖지 않으면 안 된다.

_나카시마 이쿠오, 『꾸짖는 기술』

584 | 토론은 전투가 아니다

토론은 단순히 이기면 좋은 것이 아니다. 본래 토론이란 더 좋은 결론을 유도하기 위한 수단이지, 전투의 장이 아니기 때문이다. 예를 들어, 감정론을 통해서 토론에서 이겼다고 해도 결국, 근본적으로는 진심 어린 사람들의 납득은 결코 얻지 못할 것이다. 그리고 그런 주장은 회사나 가정, 친구 관계나 세상을 더 좋은 방향으로 이끌어갈 수 없을 것이다.

_다카하시 겐타로, 『지지 않는 대화』

585 | 질문의 힘

당신도 처음 만나는 누군가와 말할 때 그 어색함을 이와 같은 방법으로 해소시킬 수 있다. 어떻게? 아주 간단하다. 상대를 편하게 해주는 것이다. 그리고 그들 자신에 관한 질문을 해보라. 그러면 당신에게도 말할 소재가 생길 것이며, 상대방은 당신을 매력적인 상대로 생각할 것이다. 왜냐하면 사람들은 자신에 관한 얘기를 듣기 좋아하기 때문이다.

_래리 킹, 『대화의 신』

586 | 우리가 원하는 사람

돈을 벌고 출세하고 성공하더라도 변하지 않는 그 어떤 본질을 갖고 있는 사람, 세파에 시달리고 수 없는 실패를 하더라도 여전히 자신의 자존감을 지키는 사람, 나이가 들고 삶이 복잡해지고 힘이 빠지더라도 여전히 스스로를 일으켜 세우는 사람, 세상이 온갖 것들로 외형의 변화를 유혹할 때 그 유혹에 빠져 허우적대지 않는 사람, 우리는 그런 사람을 원하는 것이다.

_김진애, 『사랑에 독해져라』

587 | 솔직하게 거절하라

거절 훈련의 핵심은 실상 '주는 것'에 있다. 무엇을 주어야 할까? 내 마음속의 진실, 즉 솔직한 마음이다. 심리학자이면서 《솔직함의 심리버튼》의 저자인 수잔 캠벨은 똑바로 사는 것보다 솔직하게 사는 것이 중요하다고 이야기한다. _김호, 『나는 왜 싫다는 말을 못 할까』

588 | 사과의 진정한 의도

사과하는 것은 의미 있는 일이지만 친밀한 관계를 피하려는 서투른 방법이 될 수도 있다. 다른 사람의 감정을 회피하려는 목적으로 하는 사과는 문제를 피하고 관계를 외면하는 행위일 뿐이다. 그러나 상대방으로 하여금 상처받은 감정을 털어놓게 하고, 이쪽도 자기감정을 털어놓으려는 의도에서라면, 이런 사과는 겸양과 사랑을 나타내는 중요한 표현법이 될 것이다. _데이비드 번즈, 『관계 수업』

589 | 고급경험에 투자하라

화제의 개발은 평소에 사람들과의 폭넓은 교제를 통해서 개발하는 것이 좋다. 그것은 말하기 위해 들어야 한다는 말이다. 가능한 한 여러 분야의 사람들과 만나 체험이나 전문 분야의 특징, 성공 사례 등을 들은 다음 상황에 따라 응용하도록 하자. 무엇보다 제일 좋은 화제는 자신이 몸과 마음으로 느껴본 경험이다. 고급경험을 얻으려면 일정한 투자를 아끼지 말아야겠다.

_이서정, 『이기는 대화』

590 | 아는 척하지 마라

상대방을 설득하고 움직이게 하고 싶다면 먼저 관점을 바꿔야 합니다. 아는 척하지 말아야 합니다. 상대방의 입장에서 생각하고 나아가 그도 몰랐던 그의 생각을 잡아내어 그들의 관점과 그들의 언어로 이야기해야 합니다.

_박유진, 『사람을 움직이는 말』

591 | 목표는 함께 가는 것이다

여기서 분명히 해두자. 상대의 흥미와 주의를 끄는 일은 절대로 그 사람을 이용하는 것이 아니다. 오히려 상대에게 가치를 부여하는 일이다. 상대에게서 무언가 얻어내려는 것이 아니라 상대를 위해서 무언가 찾아내는 일이다. 목표는 앞서가는 것이 아니라 모두 함께 물살을 타는 것이다. _샘 혼, 『사람들은 왜 그 한마디에 꽂히는가』

592 | 상대의 심리 상태를 파악하라

'삼고초려', 이 고사는 본래 진신의 지혜와 화신의 지혜가 결합한 고사입니다. 먼저 '삼고초려'의 고사가 생겨난 데는 중요한 전제가 있습니다. 그것은 '보스' 유비의 심리 상태입니다. 제갈량은 유비의 심리 상태를 장악한 이후에 비로소 손을 썼습니다.

_자오위핑, 『마음을 움직이는 승부사 제갈량』

593 | 원하는 정보를 제시하라

커뮤니케이션 상황에서는 상대가 필요로 하는 정보를 제시해야 성공한다. 좀처럼 성과가 오르지 않는다면 물량 공세를 하듯 너무 많은 정보를 상대에게 제공하지는 않았는지 점검해보자. 흔히 사람들은 정보가 많을수록 좋다고 착각한다. 하지만 뷔페 레스토랑에서 이것저것 많이 먹고도 맛있다고 꼽을 만한 요리가 없듯이 원하는 정보가 아니면 상대를 설득할 수 없다.

_사쿠라이 히로시, 『직장인의 말공부』

594 | 내 약점을 관찰하다

행동 치료의 시작은 늘 이렇다. 두려움이 자리한 그곳으로 가라! 당신의 약점에 맞서라. 당신 자신을 잘 관찰하라. 화를 잘 내는 사람이 어떤 상황에서 당신을 불안과 공포로 몰아넣는 데 성공하는가? 당신은 언제 자신의 존재와 능력에 대해 의심을 품기 시작하는가? _모니카 비트블룸·산드라 뤼프케스, 『내 옆에는 왜 이상한 사람이 많을까?』

595 | 마음속의 말

상대의 심중에 담긴 의미까지 읽고서 자신의 마음속의 말로 표현할 수 있어야 한다. 그럴 때 상대는 진심으로 감동을 하게 되고, 그 대화는 단지 기술적인 대화가 아니라 진심으로 소통하는 대화가 된다.

_조윤제, 『말공부』

596 | 타이밍의 기술

사람이 자란다는 뜻은, 좋은 타이밍을 찾아서 나설 때는 나서고 물러설 때는 물러서고, 자중해야 할 때 자중하고 적극적일 때는 적극적으로 대하는 판단력이 는다는 뜻일 것이다. 시행착오를 많이 겪어보아야 익혀지는 기술이다. _김진애, 『한 번은 독해져라』

597 | 직장에서의 권력 대결

남자 직원이 회의 때마다 매번 늦게 와도 절대 나쁜 의도가 있을 거라 생각하지 않았고, 여성 팀장이나 동료가 이야기할 때 과도하게 큰 소리로 노트북 자판을 두드려도 그러려니 넘어갔을 것이다. 그러나 내 말을 믿어라. 그것은 결코 우연이 아니다. 그들은 지금 서열에서 누가 어디에 있는지 시험해보기 위해 권력 대결을 하는 중이다.

_페터 모들러, 『오만하게 제압하라』

598 | 예측하기 어려운 사람의 매력

신비감은 사람들을 끌어당긴다. 신비감 덕분에 사람들이 당신이 어떤 사람이며 무슨 일을 어떻게 하는지 궁금하게 여기기 때문이다. 사람들은 어떤 이슈에 대해 당신이 어떤 입장을 취하는지 그리고 당신이 어떤 것들을 중시하는지 확인하려 할 것이다. 사람들이 그런 것들을 확인하려 하고 그렇게 해야 하는 것은 당신이 예측 불가능한 사람이기 때문이다.

_필 맥그로, 『라이프 코드』

599 | 너의 이름은

"야마다 씨" 하고 이름을 불러주면 상대의 말에 호응해주고 싶은 마음이 든다. 이름을 불러주면 보다 친근감을 느끼게 된다는 것이다. 사람은 자신과 가까운 사람의 부탁은 거절하기 어려운 법이다. 물론 반드시 긍정적인 대답을 얻을 수 있는 것은 아니다. 그러나 지금까지 0%였던 확률이 조금이라도 생긴다면 인생은 확실히 달라진다.

_사사키 케이이치, 『전달의 기술』

600 | 관계가 보여주는 모습

상대를 쉽게 비난하고, 상대의 자존감을 깎아내리려는 사람들을 가만히 들여다보면, 실제로는 자신의 자존감이 낮고 자기 스스로를 폄하하고 비난하는 경우가 많습니다. 즉 타인과의 관계에서 나타나는 관계습관은 자기 자신과 맺고 있는 관계습관을 보여주는 것입니다.

_박용철, 『감정은 습관이다』

601 | 약점을 찾아내고 이해하라

상대방의 약점과 동기 유발 요인을 찾아내고 이해하는 것은 기업 세계에서도 똑같이 중요한 활동이다. 상사, 고객, 동료, 라이벌 등 그 대상이 누구건 상관없다. … 이런 지식을 확보하면 그 사람의 향후 행동을 예측하고 함정에 빠지지 않을 수 있을 뿐 아니라 상대방의 약점과 동기 유발 요인을 당신에게 유리한 쪽으로 이용할 수 있다.

_J.C. 칼레슨, 『스파이처럼 일하라』

602 | 가슴에 쌓이는 언어

"바다에는 진주가 있고, 하늘에는 별이 있다. 그러나 내 마음, 내 마음, 내 마음에는 사랑이 있다.", "말은 흘러가는 것이 아니라 상대의 가슴에 수십 년간 화살처럼 꽂혀 있는 것이다."

우리의 입에서 내뱉어진 언어는 가슴속에 쌓인다. 언어는 흘러가는 것이 아니라 쌓이는 것이다. 그래서 언어를 사용할 때 조심해야 한다. 마음을 상하게 하는 언어는 가슴속에 깊이 쌓이게 된다.

_차동엽, 『천금말씨』

603 | 욕먹을 각오

리더는 옳은 일을 하기 위해서 욕먹을 각오를 해야 한다. 욕먹는 것이 두려워 일을 하지 않는 것은 무책임한 처사다. 하지만 사욕을 채우기 위해 욕먹는 일은 결코 해서는 안 된다. 미래의 큰일을 위해 일시적인 비난을 무릅쓰고라도 일을 하라는 것이지 증오의 대상이 되라는 얘기는 결코 아니다.

_김봉국, 『승자의 안목』

604 | 관심을 가져라

사람을 제대로 쓰는 게 리더의 핵심이다. 리더는 선수의 잠재력을 발굴해야 한다. 애정이 없으면 불가능한 일이다. 애정이 있어야 오래 관심을 기울일 수 있다. 오래 관심을 기울여야 그의 감추어진 재능이 보인다. 관심이 없으면 보이지 않는다. 찾을 수도 없다.

_김성근, 『리더는 사람을 버리지 않는다』

605 | 마지막 멘트를 사수하라

종말잔존 효과는 주도권 싸움에서도 효과적이다. 즉 주도권을 잡고 싶다면 마지막 멘트만큼은 누구에게도 뺏기지 말고 당신이 해야 한다는 것이다. 이 방법은 특히 비즈니스 관계에서 당신을 적극적인 사람으로 각인시켜주는 효과가 있다.

_이태혁, 『지면서 이기는 관계술』

606 | 정신 낭비

정신을 너무 낭비하게 되면 쓸모 있는 일이 하기가 힘들어지고, 제아무리 쓸모없는 것이라 하더라도 어디에 쓰이느냐에 따라 자기 값어치를 할 수 있게 된다. 그러므로 스스로 정신을 밝혀 쓸모 있는 사람이 되어야 한다는 말이다.

_김원중, 『한비자의 관계술』

607 | 거절의 세 가지 법칙

거절을 할 때는 '그 일을' '왜' 해줄 수 없는지를 분명히 알려야 한다. 그 다음에 '가능한 대안'을 제시해주는 것이 좋다. 거절할 때는 「애매하게 거절하지 않는다」 「억지로 들어주지 않는다」 「이유와 대안을 제시한다」 이 세 가지를 명심해야 한다.

_오쿠시 아유미, 『일 잘하는 사람보다 말 잘하는 사람이 이긴다』

608 | 전략적 사고

전략적 사고는 단순화하는 기술이다. 불평불만과 탄식을 늘어놓는 데 시간을 허비하지 않는다. 주저앉고 싶은 유혹에 넘어가지 않는다. 복수와 시기심은 잊어버린다. 겁이 많거나 의심이 많은 사람들은 피한다. 위선적이거나 자신의 이익에만 집착하는 조언자들은 무시한다. 복잡하고 엉뚱한 아이디어는 버린다.

_김상근, 『사람의 마음을 얻는 법』

609 | 사람 그 자체를 포용하고 존경하라

인간은 똑같은 능력을 부여받은 것이 아닙니다. 또 그 능력도 하나의 잣대로 저울질할 수 있는 것이 아니지요. 하지만 전 모든 인간은 그만의 능력을 갖추고 있다고 생각합니다. 그런 경우, 팀장님이 팀원의 능력을 키워주는 역할을 맡아야 합니다. 늦게 능력이 발휘되는 사람도 많으니까요. 급한 마음으로 이 사람의 능력이 발휘되지 않는다고 선입견을 가지면 안 됩니다.

_스티브 런딘·밥 넬슨, 『우분투』

610 | 반복하는 말이 이루어진다

'어떤 말이든지 만 번 이상 되풀이하면 반드시 미래에 그 일은 이루어진다'는 인디언의 금언이 있다. 그만큼 말도 반복하면 틀림없이 이뤄진다는 것을 인디언들도 이미 알고 있었던 것이다. 처마 밑의 주춧돌이 작은 빗방울에 의하여 구멍이 뚫리는 것은 우리가 익히 봐서 잘 아는 일이다.

_이상헌, 『흥하는 말씨 망하는 말투』

611 | 입이 가벼운 사람을 조심하라

가까운 사람을 주의하라. 아무 인연도 연고도 없는 타인이 내 인생에 관여하는 일은 거의 없다. 하지만 가까운 관계를 맺고 있는 사람은 내 인생을 좌지우지할 수 있다. 가까운 사람일수록, 그리고 입이 가벼운 사람일수록 두려운 존재다. 개인정보의 유출도 먼 곳에서 일어나기보다 가까운 사람에게서 발생하게 마련이다.

_야스다 유키, 『연결자』

612 | 필요한 말, 감동의 한마디

"조금만 더 힘내", "할 수 있어"라는 말이 능사는 아니다. 격려하고 부추기기보다는 마음의 짐을 덜어주는 것이 좋다. 아무리 노력해도 이루어지지 않는 일에 지친 사람에게는 "할 만큼 했으니 더 이상 노력하지 않아도 돼"라고 말해주자.

_나이토 요시히토, 『마음을 울리는 36가지 감동의 기술』

613 | "미안해"는 사과가 아니다

심리학자인 게리 채프먼과 제니퍼 토마스는 부부 상담을 하다 보면 "한 사람은 분명히 사과를 했다고 주장하는데, 상대방은 전혀 동의하지 않는 경우를 흔히 볼 수 있다"고 말한다. 개선책을 제시하지 않으며 책임감조차 없이 유감만 표현하는 사과는 사과로 받아들여지지 않는다는 것이다.

_정재승·김호, 『쿨하게 사과하라』

614 | 침묵의 힘

협상이론에서는 클린턴 같은 침묵을 두고 '전략적 침묵(strategic silence)'이라 한다. 일부러 입을 다물고 침묵을 지킴으로써, 협상에서 유리한 고지를 점령하거나 상대 혹은 대중의 마음을 움직이는 고차원의 전략인 것이다. 지도자로서 리더십을 발휘할 때건 협상 테이블에 앉아 있을 때건 간에, 때로는 명연설이나 달변보다 수수께끼 같은 침묵이 더 큰 효과를 발휘할 때가 있다.

_안세영, 『이기고 시작하라』

615 | 호감은 양날의 칼이다

호감을 주려는 행위 자체야 비난할 일은 아니지만, 그 행위는 머지않아 똑같이 되갚아야 하는, 어쩌면 받은 것에서 이자를 보태야 하는 빚이 될 수도 있다. 호감은 이렇듯 어떤 입장에 있느냐에 따라 약이 되기도 하고 독이 되기도 하는 양날의 칼이다.

_이태혁, 『사람을 읽는 기술』

616 | 강조하는 설득 비결

설득 비결은 짧고 간단히 말하자면 상대방한테 득이 된다는 것을 강조하는 것이다. 아니 더 정확히 말하자면 상대가 자기한테 득이 되는 것처럼 느끼게 하면 된다. 이는 비즈니스의 황금률 중 하나이다. 상사에게 뭔가 설득하고 싶은가? 그러면 상사가 원하는 게 뭔지를 알아내라.

_케빈 더튼, 『극한의 협상, 찰나의 설득』

617 | 개선과 변화를 위한 피드백

피드백의 궁극적 목적은 '개선'과 '변화'에 있다. 제아무리 뛰어난 피드백이라 할지라도 상대를 움직이지 못하면 무용지물이다. 피드백은 멋이 아니다. 권위를 내세우기 위함도 아니다. 누군가를 비판함으로써 쾌감을 얻고자 함도 아니다. 쩔쩔매는 부하직원들을 보며 우쭐함을 느끼고자 함도 아니다. 개선과 변화의 결과를 기대하기 어렵다면 피드백은 포기해야 한다.

_리처드 윌리엄스, 『피드백 이야기』

618 | '받아'만 놓고 '들이지' 않는 방법

사회에 나가면 참으로 다양한 사람이 있는데, 그 사람들이 하는 말과 행동에 일희일비하기가 쉽다. 인정머리 없게 말하는 사람도 있고, 일방적으로 감정적인 비난을 퍼붓는 사람을 만날 수도 있다. 이럴 때는 '받아들이다'라는 말에서 '받아'만 놓고 '들이지' 않으면 된다.

_요시하라 다마오, 『다시 만나고 싶은 사람이 되는 38가지 법칙』

619 | 사람을 얻는 기술

사람들에게 완벽하게 보이려고 하면 할수록 사람들은 당신에게서 멀어진다. 사람들이 당신에게 호감을 갖고, 당신에게 자꾸만 다가서고자 하는 건, 당신 또한 자신과 같은 인간이라는 사실을 끊임없이 확인하는 작업을 통해 이루어진다.

_레일 라운즈, 『사람을 얻는 기술』

620 | 정보가 중요하다

첫 제안을 먼저 할 것이냐, 상대의 제안을 받을 것이냐 하는 문제는 협상의 주도권을 쥐기 위해서 아주 중요한 것이다. 하지만 그것보다 중요한 것이 '내가 얼마만큼 알고 있느냐'를 파악하는 것이다. 정보가 없다면 상대의 제안을 통해 정보를 얻을 필요가 있고, 많은 정보를 알고 있다면 적극적인 제안을 통해 나의 입장으로 상대를 끌어와야 한다.

_전성철·최철규, 『*협상의 10계명*』

621 | 유머로 소통하라

유머는 어렵고 힘든 상황에서, 관계의 소통이 어려울 때, 어려움에 직면했을 때 가장 부드럽게 해소해주는 힘을 가진다. 내가 기업과 기관에서 의뢰받은 강의 주제의 60%는 '펀(fun)'에 관한 것이었다. 그만큼 요즘 사람들이 즐겁지 않다는 것이며, 그만큼 즐거움을 갈망한다는 것이다. 유머를 삶에 적용하는 사람은 그만큼 사람들과의 소통도 성공적으로 이끌 수 있다.

_강진영, 『*변화와 소통의 성공학*』

622 | 상대방의 관심을 파악하라

만약 상대방의 생각을 바꾸고 싶다면 그의 관심이 지금 어디에 쏠려 있는지 파악하라. 상대방에게 선택하도록 요구한 기본적인 결정에 대해 상대방이 어떻게 생각하는지를 밝혀내고 왜 그가 그 결정을 하지 않는지 자문해보는 것이다.

_로저 피셔·윌리엄 유리·브루스 패튼, 『*YES를 이끌어내는 협상법*』

623 | 좋은 리더가 믿음을 얻는다

좋은 리더는 직원이 스스로 고습도치 행동을 개선할 때까지 기다려준다. 또 존중과 칭찬으로 자존감을 회복한 직원은 스스로의 잘못된 행동을 고치려고 리더의 반응에 신경을 쓰게 된다. 아무리 어려운 환경에 처해도 직원들이 리더를 믿고 따르는 데는 그만한 이유가 있다. 리더가 직원들을 믿고 기다려주었기 때문에, 그들 역시 리더를 믿는 것이다.

_데보라 노빌, 『리스펙트』

624 | 얼굴로 나누는 대화

사람의 내부 에너지는 그 사람의 얼굴을 만든다. 얼굴은 얼이 들어있는 일곱 개의 동굴 집합체의 합성어(얼+굴)이다. 그래서 얼이 빠져 있는 사람은 입이 벌어지고 얼이 매서운 사람은 눈매가 예사롭지 않다. 이렇게 사람의 성향을 알아가는 다양한 경로의 첫 단추는 사람을 만날 때 제일 먼저 보게 되는 얼굴에서부터 시작한다. 얼굴은 거짓말하지 않기 때문이다.

_홍광수, 『관계』

625 | 성공을 위한 격려

상대방을 격려하고 믿어주면 그는 자신의 성공을 확신하기 시작하고 이내 삶의 중요한 기로에 서게 된다. 물론 인생이 으레 그렇듯이 처음 한두 번은 실패를 할 수도 있다. 그런 순간에 포기할 것이냐 계속 나아갈 것이냐, 두 가지 길이 있다.

_존 맥스웰, 『*존 맥스웰의 위대한 영향력*』

626 | 입을 다무는 기술

침묵과 순발력! 어울리지 않는 조합 같지만, 제때 입을 다무는 기술도 순발력의 일환이다. 간단하다. 그냥 상대가 화를 내게 내버려두는 것이다. 화가 나서 미쳐 날뛰는 사람의 귀에 무슨 말이 들리겠는가. 그런 사람과 무슨 이성적 대화를 나누겠는가? 그는 지금 아무리 그럴듯한 설명이나 이유도 받아들일 마음이 없다. 그러니 한 발 물러서라. 입을 다물거나 설사 대답을 하더라도 최소한으로 줄여라.

_마티아스 뇔케, 『*결정적 순간, 나를 살리는 한마디 말*』

PART 12

0.1% 탁월한 사람들의 인사이트

#긍정 #긍정심리 #긍정의힘 #적극적사고 #진취적사고

우리가 알고 있는 행복의 기본 공식은 이렇다. '열심히 공부하고 열심히 일해서 성공하면 행복해진다.' 그래서 모든 것을 포기하고 공부와 일에 매달리는 것이 현실이다. 이는 우리나라나 미국을 비롯한 선진국들도 마찬가지이다. 하지만 최근에 긍정심리학을 통해 이룬 연구성과에 따르면 그 공식은 반대라고 한다. 즉 '행복한 사람이 성공한다.'이다. 오로지 성공을 위해 노력하고, 그래서 행복해지려고 공부에 매달리지만 실상 행복은 성공의 결과물이 아니다. 오히려 지금 당장 행복을 느낄 수 있다면 성공하지 못해도 늘 행복할 수 있다. 이제 성공 공부보다는 행복 공부에 더 매진해야 하지 않을까? 그러면 성공은 저절로 따라올 것이다.

627 | 거절하는 용기

자신의 정신적인 건강과 행복을 위해서는 필요할 때 "싫다!"고 말할 수 있어야 한다. 그리고 그에 대해 미안해 하지 말아야 한다. "싫다"고 말해야 할 때 "좋다"고 말하다 보면 결국은 분노와 우울증에 빠져들게 된다. 우리는 스스로 자신의 인생을 조절할 수 있다고 믿는 만큼 행복을 느끼며 자신의 인생을 조절한다는 것은 싫다고 말해야 할 때 싫다고 말할 수 있는 것을 의미한다.

_앤드류 매튜스, 『관계의 달인』

628 | 좋은 사람 되기를 그만둘 것

자기답게 살기 위한 가장 좋은 방법은 「좋은 사람 되기」를 그만둘 것. '타인의 기대에 부응하는 일을 단념할 것', 이 두 가지다. 단도직입적으로 말해 '사람들의 기대에 부응하는 것이 가장 의미 있다'라는 생각을 버리고 '내 인생의 주인공은 나'라고 확실히 인식한다. 이것이 자기다운 인생을 창조하기 위한 첫걸음이다.

_모로토미 요시히코, 『행운에도 법칙이 있다』

629 | 완벽함에서 벗어나기

감정을 억누르거나 가장하는 것은 우리 자신뿐 아니라 다른 사람들도 불행하게 만든다. 행복하지 않으면서 행복한 척하면 우울증을 부추긴다. 우리가 아주 잘 지내고 있는 것처럼 가장하면 상대방은 우리를 보면서 더욱 불행하게 느끼고 그 자신이 느끼는 고통 또한 숨기려고 한다. _탈 벤-샤하르, 『완벽의 추구』

630 | 자기 낮추기

피해 의식이란 자기보호 심리에서 생기는 것입니다. '나는 길거리에 핀 풀 한 포기와 같다.' 이렇게 생각해서 자신이 별 게 아닌 줄 알면 세상사에서 상처받을 일이 없어요. 자기가 특별한 존재하고 생각하기 때문에 갈등이 생기고 상처가 생깁니다.

_법륜, 『참자유』

631 | 기꺼이 포기하는 간절함

"어떻게 하면 나비가 되죠?"

"날기를 간절히 원해야 돼. 하나의 애벌레로 사는 것을 기꺼이 포기할 만큼 간절하게." _트리나 폴러스, 『꽃들에게 희망을』

632 | 경청의 힘

사람에게는 누구나 생존본능이 있다. 이 본능이 위협받을 경우 어떤 상호작용도 적대적일 수밖에 없으며, 상대방에게 어떤 형태로든 저항하게 된다. 경청은 이 날카로운 본능을 조용히 누그러뜨리며 상대방이 편안히 말할 수 있도록 해준다.

_래리 바커·키티 왓슨, 『마음을 사로잡는 경청의 힘』

633 | 비교를 멈춰라

누군가가 "당신은 행복하세요?"라고 물으면 주위 사람들이 어떻게 사는지 둘러보고 나서 그들보다 잘사는 것 같으면 행복하다고 대답할 것이다. 그러므로 행복해질 수 있는 한 가지 비법은 비교 대상을 바꾸는 것이다.

_프랜시스 타폰, 『너만의 길을 가라』

634 | 1도의 차이

결과를 바꾸고 싶다면 반드시 원인을 바꾸어야 한다. 그러나 지금까지의 삶이 기대와는 정반대로 전개되고 있다고 해서 항상 180도의 전환이 필요한 것은 아니다. 오히려 1도의 관점 전환과 1퍼센트의 행동 변화만으로도 충분한 경우가 더 많다. 운전이나 사격을 해본 사람이라면 각도를 1도만 바꿔도 도착 지점이 완전히 달라진다는 사실을 잘 알 것이다.

_이민규, 『1%만 바꿔도 인생이 달라진다』

635 | 열등감

남을 헐뜯는 사람은 그 자신이 내면에 열등감을 갖고 있다. 그래서 남을 자신보다 더 못난 존재로 깎아내리려 애쓰는 것이다. 그렇게 하면 자기 자신은 '그나마 나은 사람'이 되는 셈이니까 말이다. 하지만 현명해지길 바란다. 그런 방법은 통하지 않는다.

_록산 에머리크, 『월요일의 기적』

636 | 불공평함과 공평함의 공존

인생은 일괄거래다. 다시 말해 원하는 것만 주고받을 수 없고 고통이나 슬픔 등도 모두 내가 살고 있는 삶에 포함되어 있으며 내가 이 인생을 사는 한 모두 떠안고 가야 한다는 것이다. 인생의 잔인하고 혹독한 불공정함과 놀라운 공명정대함에 모두 마음을 열 때, 우리는 있는 그대로의 삶을 평화롭게 살아갈 수 있다.

_캔 드럭, 『인생의 진정한 법칙』

637 | All or Nothing

세상에 존재하는 인간 중에 100퍼센트 성인군자는 없다. 인간이라는 불완전한 존재를 100퍼센트 믿는다면 문제가 일어나는 게 당연하다. 반드시 배신당하게 된다. 그러고 나면 '인간은 100퍼센트 믿을 수 없다'는 태도로 완전히 돌아서게 된다(특히 인격장애인 사람에게는 그런 'All or Nothing' 경향이 현저하다).

_이즈미야 간지, 『뻔뻔하게 살 권리』

638 | 다른 사람 되기

'남들과 다르다'는 이유만으로 꼭 필요한 사람이 되는 것은 아니다. 하지만 꼭 필요한 사람이 되는 유일한 방법은 남들과 달라지는 것이다. 남들과 다를 것이 없다면, 무수한 사람들 중 한 명일 뿐이기 때문이다.

_세스 고딘, 『린치핀: 당신은 꼭 필요한 사람인가?』

639 | 내버려 두기

세상의 수많은 오해는 결코 없어지지 않고, 사람들은 그것에 큰 관심이 없다. 그러니 누가 오해하면 받으면 그만이다. 기꺼이 받으면 된다. 정말 좋아하는 직장 상사의 생일에 소박한 선물을 했는데 누가 교활한 뇌물이라고 오해하면 그렇게 믿으라고 두자. 하지도 않은 사내 연애를 하고 있다고 오해하면 기꺼이 받자.

_황진규, 『소심 타파』

640 | 인간다운 결함의 필요성

대부분의 사람들에게는 한 번쯤 자신의 결함을 드러낸 경험이 있다. 인간다운 결함을. 그런데 이는 인격과 공감하는 능력을 발전시킨다. 영혼을 성장시키는 데도 좋다. 사막을 횡단하거나 밀림을 통과할 때처럼 힘들고 고통스러운 시기를 보내는 것이 결코 시간낭비인 것만은 아니다.

_앤라모트, 『나쁜 날들에 필요한 말들』

641 | 모르고 사는 행운

답을 알아내는 것보다는 문제를 해결하는 것이 흥미롭다. 마술의 기술이 공개되면 그것은 마법을 잃는다. 누가 이길지 안다면 축구 게임은 전혀 흥미롭지 않을 것이다. 일부 사람들은 성공을 거두고 거기에 만족하고 산다. 계속 모르고 살아가는 자가 진정한 행운아다.

_폴 아덴, 『생각을 뒤집어라』

642 | 인간관계 역설

인간관계에 들어가는 데 왜 용기가 필요할까? 다른 사람과 엮이면 어떤 형태로든 마찰을 피할 수 없기 때문이다. 상처받거나 미움을 받거나 배신당할지도 모른다. 이런 속성을 두려워하는 사람이 인간관계 안으로 들어가기 위해서는 용기가 필요하다. 그래서 아들러는 "모든 고민은 인간관계에서 비롯된다"라고 말했다.

_기시미 이치로, 『나를 위해 일한다는 것』

643 | 창조의 근원은 '심심함'이다

노래하고 술 마시고 춤을 추는 것이 모두 심심해서 그런 것이다. 심심해서 몸이 뒤틀려야 새로운 생각에 잠기게 된다. 문화는 심심함에 지친 사람들이 심심함을 이기기 위해 만들어낸 놀이라는 생각이 들었다. 심심함이 없으면 창조도 없다. 불행하다고 인식한 사람만이 변화를 만들어내고, 심심한 사람들만이 심심함을 벗어날 수 있다.

_구본형, 『나는 이렇게 될 것이다』

644 | 최선의 결실

성공을 얻는 방법은 하나뿐이며, 그것은 힘든 일을 통해서만 가능하다는 것을 명심하라. 이러한 대가를 지불할 마음이 없다면 평생을 평범하고 가난하게 보낼 수밖에 없다. 남을 위해 일하는 것이라 해도 결코 노력을 아끼지 말라. 언제나 최선을 다하라. 네가 지금 뿌린 씨앗은 반드시 결실을 맺게 될 것이다.

_오그 만디노, 『아카바의 선물』

645 | 놓으면 잡힌다

책상 위에 형체도 없이 어지럽게 널려 있는 육중한 서류 더미와 씨름하느라 골치를 썩고 있다면 잠시 일을 내려놓자. 낮잠을 자든 영화를 보든 하자. 잡지를 읽어도 좋고 낱말 맞추기도 좋겠다. 잠재의식이 자연스레 일을 풀어나갈 것이라고, 필요한 답을 알아서 찾아다 줄 것이라고 믿어보자.

_카렌 살만손, 『위대한 직감: 24시간을 이기는 1분』

646 | 감사의 비밀

감사하는 태도를 가진 사람은 정신적 상처나 스트레스를 훨씬 덜 받는다. 긍정적인 마음을 유지하는 사람들은, 부정적인 사람들에 비해 강한 면역력을 가지고 있다는 사실이 밝혀졌으며, 같은 스트레스의 상황에서도 질병의 위험에서 벗어나 평균 10년 이상 장수하는 것으로 분석되기도 한다.

_데보라 노빌, 『감사의 힘』

647 | 문제의 힘

살아가면서 닥치는 모든 문제는 뭔가 중요한 일을 깨닫게 하기 위해서 발생합니다. 그리고 자신이 해결하지 못할 문제는 절대로 일어나지 않습니다. 자신에게 일어나는 문제는 자신이 해결할 능력이 있고, 그 해결을 통해 중요한 사실을 배울 수 있기 때문에 생기는 것입니다.

_노구치 요시노리, 『거울의 법칙』

648 | 결정장애

현대사회는 많은 것을 선택하도록 강요하고 있다. 그래서 사람들은 결정을 내리기가 점점 힘들다. 사람들은 항상 많은 선택권을 가능한 한 열어두려고 하는데, 뭔가 빼먹고 있다는 두려움 때문이다. 그리고 결정을 내리지 않는다는 것은 결국 자기 인생을 적극적으로 설계하지 않겠다는 것을 의미한다. 그러나 결정을 내리지 않으면 안 되는 불가피한 상황이 평생을 따라 다닌다.

_로타르 J. 자이베르트, 『넌 느리고 난 빠르다』

649 | 인생을 주문하라

당신에게 '최고의 미래'란 어떤 것인가요? 가령 택시에 타서 기사님이 "어디까지 가십니까?" 했는데 "글쎄요."라고 한다면, 택시는 어디에도 가지 못합니다. 레스토랑에서 "주문하시겠습니까?" 했을 때, "아직 결정하지 못했습니다."라고 대답한다면 아무리 기다려도 요리는 나오지 않습니다. 인생에서도 마찬가지입니다. 자신의 인생에 주문하지 않으면, 최고의 인생을 손에 넣지 못합니다.

_혼다 켄, 『원하는 대로 산다』

650 | 길이란 빈 공간뿐

인생이라는 이름으로 불리는 레일을 따라 목적 없이 걷고 있는 건 아닌가 막막해질 때가 있습니다. 사람들은 이미 깔려진 레일이 편하고 좋은 것이라고 말합니다. 그 레일을 따라가야만 성공할 수 있다고 말합니다. 그런데 인생의 행복이란 형태가 제각각입니다. 인생에 정답이라는 형태는 없습니다. 당신 눈앞에 길은 없습니다. 눈앞에는 그저 빈 공간뿐, 내가 걸어가는 그곳이 나의 길이 됩니다.

_야쓰오카 료겐, 『*잠깐 흔들려도 괜찮아*』

651 | 행복의 형태

인생은 의자 빼앗기 게임이 아니라서 타인과 비교하거나 경쟁해보았자 거기에서 행복을 찾을 수는 없습니다. 모두가 수가 제한된 의자를 놓고 거기에 앉기 위해 혈안이 되어 뱅글뱅글 돌 때, 그 무리에서 물러나 혼자 조용히 지내야 마음이 채워지는 사람도 있습니다. 타인에게는 그들만의 형태를 가진 행복이 있고 나에게는 나만의 형태를 가진 행복이 있습니다. 그 차이만 인정하면 됩니다.

_고도 토키오, 『*혼자서도 강한 사람*』

652 | 적당한 거리 유지

모든 인간관계의 문제는 다른 이의 참견 때문에 발생한다. 부모 자식뿐 아니라 친구끼리, 상사와 부하 사이도 마찬가지다. 다른 이의 과제에 뛰어들어서는 안 된다. 우리가 할 수 있는 것은 응원뿐이다. 만약 아이가 공부를 하지 않겠다고 말하면 응원할 준비가 되어 있다고만 전한다. 우리가 할 수 있는 유일한 일은 가만히 지켜보는 것이다. _알프레드 아들러(오구라 히로시 해설), 『*인생에 지지 않을 용기*』

653 | 옳음과 그름

대부분의 사람은 자기 생각을 드러내고 싶은 욕망에 사로잡혀 있다. 모든 것을 옳고 그름으로 구분하고 거기에 매달려 산다. 그러나 "내가 옳다"라는 생각은 마음의 위안이 될지는 몰라도 진정한 행복을 가져다주지는 못한다. 내가 옳다는 말은 다른 사람은 틀렸다는 것을 의미하며, 이는 갈등과 대립을 초래할 뿐이다. … 당신에게 비판받은 사람은 반드시 당신과 멀어지게 된다.

_디팩 초프라, 『*디팩 초프라의 완전한 행복*』

654 | 차이를 인정하라

세상에는 장미를 좋아하는 사람도 있고, 채송화를 좋아하는 사람도 있고, 진달래를 좋아하는 사람도 있어요. 사람의 기호와 취향이란 천차만별입니다. 그러니 남의 취향을 갖고 좋다, 나쁘다 할 게 없어요. 다만 '저 사람은 저걸 좋아하는구나' '이 사람은 이걸 좋아하는구나' 하고 차이를 발견하는 것으로 받아들이면, 마음이 불편할 일이 없고 그것으로 갈등하고 싸울 일도 없습니다.

_법륜, 『법륜 스님의 행복』

655 | 질문할 용기

사람들이 무슨 말을 하면 우리는 그 말을 가지고 추측한다. 만일 그들이 아무 말도 하지 않으면 이번에는 알고 싶은 욕구를 충족시키고, 소통하고 싶은 욕구를 대신하기 위해 추측을 한다. 심지어 무슨 뜻인지 모르는 말을 들었을 때조차 그것이 무슨 뜻인지 제멋대로 추측하고 그 추측을 믿어버린다. 이렇게 온갖 종류의 추측이 난무하는 이유는 사람들에게 직접 질문할 용기가 없기 때문이다.

_일레인 제임스, 『인생을 단순하게 사는 100가지 방법』

656 | 인연의 매듭

우리는 평생을 통해 수많은 인연을 쌓는다. 삶을 가로지르는 무수한 인연들 중에 어떤 인연이 과연 좋은 인연일까 생각해 보면 시작이 좋은 인연이 아니라 끝이 좋은 인연이 참으로 좋은 인연이라는 생각을 하게 된다. 인연 따라 와서 인연 따라 가는 사람들을 어찌 막을 수 있을까마는 그 인연의 끝을 어떻게 매듭짓는가는 그 사람에게 달려 있다.

_혜민, 『젊은 날의 깨달음』

657 | 완벽에서의 자유

마음 한구석에 오랫동안 간직해온 어떤 영화의 시나리오를 쓰거나 꿈꾸던 드레스를 디자인하고 싶다면, 어떻게 완벽한 결과물을 만들 것인가에 집착해서는 안 된다. 바로 그런 이유 때문에 수많은 사람들이 활동을 멈추고 결코 시작조차 하지 못하는 것이다. 처음부터 완벽하게 만들고 싶다는 욕망을 버려라! 대신 시나리오나 드레스의 시제품을 만드는 중이라고 자신에게 말하라.

_버나드 로스, 『성취 습관』

658 | 죽을 각오

필사적(必死的)이라는 말이 있다. '필사'란 글자 그대로 풀면 '반드시 죽는다'는 뜻이다. 예를 들어, '이 일을 해내지 못하면 사흘 후에 총살형에 처해질 것이다'라고 말하면 누구나 죽을힘을 다하게 된다. 죽을 각오를 하고도 해내지 못했다면 그것이 자신의 한계인 것이다. 필사적이라는 말에는 그런 뜻이 담겨 있다.

_사이토 히토리·시바무라 에미코, 『그릇』

659 | 포기의 미덕

연예인 모두가 스타가 될 수 없듯이, 우리 모두가 1등이 될 수는 없다. 그런 1등도 영원히 그 자리를 지킬 수는 없고 모든 분야에서 최고가 되는 것도 불가능하다. 그렇다면 2등, 3등을 선택하고 편하게 사는 게 낫다. 그것도 안 돼서 4등을 선택해야 한다면 아예 포기하는 것도 한 방법이다. _임우택, 『한 걸음만 더』

660 | 브레이크를 거는 연습

요즘 직장인들에게 필요한 것은 '엑셀을 밟는 기술'이 아니라 오히려 '브레이크를 거는 기술'입니다. 모든 사람들이 일상적으로 교감신경만 자극하고 있기 때문에 이제 엑셀을 밟지 않아도 큰 문제는 없습니다. '앞으로 나아가자', '위로 올라가자'며 마음 졸이지 말고, 주변으로 시선을 돌리고 속도를 줄여 느긋하게 가는 기술을 익혀야 합니다. _고바야시 히로유키, 『하루 세 줄, 마음정리법』

661 | 걱정 타이머

습관적인 걱정을 완전히 없앨 수는 없습니다. 하지만 쉽게 빠져나오지 못할 정도로 깊이 빠져들지 않도록 생각하는 시간을 제한할 수 있습니다. 타이머를 10분에서 15분으로 맞추고, 마음속에

드는 생각으로 인해 스트레스를 받도록 내버려 둡니다. 생각을 모두 꺼내 놓으세요! 이 시간을 억눌린 감정과 생각을 모두 배출하는 기회로 삼아봅니다.

_스티븐 J. 스콧·배리 데이븐포트, 『마음속 네 개의 방 정리하기』

662 | 불안의 힘

많은 사람이 불안 때문에 나타나는 신체적 증상이 일을 망친다고 믿지만, 실은 완전히 이완된 상태보다 긴장된 상태가 더 좋습니다. 스트레스 반응이 강한 운동선수가 경쟁력이 높고, 시험 전에 아드레날린이 더 많이 분비되는 학생이 좋은 점수를 받죠. 아무리 안정된 상태가 더 좋을 것 같은 상황에서도, 불안이 깔려 있어야 압박감 속에서 더 좋은 성과를 이뤄낼 수 있습니다.

_켈리 맥고니걸, 『스탠퍼드 성장 수업』

663 | 생각벽장 정리

우리 가슴속 한구석에는 비밀벽장이 있다. 바로 '생각벽장'이다. 내가 그 벽장 속에 보관해 온 것들은 조금도 유익하지 않은 것들뿐이었다. 선반이며 옷걸이, 수납장엔 부정적인 생각과 불안감, 거짓, 환상, 이전에 겪었던 실패의 잔해들이 빼곡했다.

_제니퍼 로스차일드, 『내 영혼에게 말 걸기』

664 | 나를 바꾸고 싶다면

가족도 환경이고 친구도 환경이고 읽는 책도 환경이다. 지금까지 만난 사람, 들은 말, 읽은 책, 생활공간 등이 현재의 우리를 만들었다. 만나는 사람, 듣는 말, 읽는 책을 바꾼다면 그 사람은 달라질 수밖에 없다. 누구를 만나, 무슨 이야기를 듣고, 어떤 책을 읽어야 하는가를 궁리해야 한다. _김민기, 『나를 바꿀 자유』

665 | 원칙사수

자신이 세워놓은 원칙을 98퍼센트의 시간보다 100퍼센트의 시간 동안 지키기가 더 쉽다. 당신이 정한 도덕적 기준은 당신이 어기지 않기 때문에 강력한 것이다. 만일 한 번만 기준을 어겼다면 또다시 어기지 못하게 막을 도리가 없다. 당신이 표방하는 게 무엇인가를 결정하라. 그런 다음에 항상 그것을 지켜라.

_클레이튼 M. 크리스텐슨·제임스 올워스·캐런 딜론, 『당신의 인생을 어떻게 평가할 것인가』

666 | 출세비급

조직에서 인정받는 사람, 승진하고 발탁되는 사람은 누구인가? 여러 답이 있을 것이다. 하지만 분명한 점은 일단 사장과 가까운 곳에 있는 사람에게 기회가 많다는 것이다. 또는 사장이 아니더라도 결정적 인사권을 쥐고 있는 사람 근처에 있어야 가능성이 커진다. _신현만, 『회사가 붙잡는 사람들의 1% 비밀』

667 | 문제와 기회

'문제'를 나타내는 가장 좋은 단어는 '기회'이다. 문제나 어려움을 떠올리는 대신, 이제부터는 당신 삶에서 예상치 못했던 걸림돌을 도전이나 기회라고 일컫자. 기회는 우리 모두 열렬히 바라고 고대하는 것이다. 이 새로운 단어를 쓸 때, 문제나 어려움의 개수만큼이나 엄청난 기회들이 얼마나 많이 나타나는지 깨닫고 깜짝 놀랄 것이다. _브라이언 트레이시·크리스티나 트레이시 스테인, 『개구리와 키스를』

668 | 나 자신이 되자

우리는 다른 사람과 차별적인 존재가 되고 싶어 합니다. 하지만 다른 존재가 되려고 노력한다고 해서 꼭 차별적인 존재, 눈에 띄는 존재가 되는 것은 아닙니다. 세상에 존재하는 어느 누구도 똑같지 않습니다. 각자는 유일무이한 존재입니다. 우리가 우리 자신이 되면 그때 비로소 그 자체로 차별적인 존재가 됩니다.

_문요한, 『천 개의 문제, 하나의 해답』

669 | 잘못된 기준

사람들은 힘과 성공과 돈 같은 그릇된 기준으로 삶의 가치를 측정한다. 그리고 그들은 그들의 그릇된 기준에 이른 다른 사람들을 칭찬한다. 그리고 그들이 삶을 살아가는 동안 진실로 귀중한 가치들은 과소평가된다. _지그문트 프로이트, 『꿈의 해석』

670 | 완벽한 재능

그 어떤 재능이든 완전하게 발달하고 표현되기 위해서는 엄청난 양의 연습이 필요하다는 것이다. 완벽한 재능을 타고난 사람은 없다. 즉 성공은 무서운 집중력과 반복적 학습의 산물이다.

_말콤 글래드웰, 『아웃라이어』

671 | 관점의 오류

여자가 자기에게 푹 빠진 어떤 남자를 거부할 때 "지금 당장은 어떤 관계도 맺고 싶지 않을 뿐이야."라고 말하면, 그 남자는 "지금 당장은"이라는 말만 듣는다. _개빈 드 베커, 『서늘한 신호』

672 | 심리적 성숙

어린 시절의 자아는 오직 자신만 안다. 사람은 여러 경험을 통해 타인의 존재, 나아가 서서히 다른 추상적 가치와 개념까지 인식하게 된다. 이 같은 성숙은 여러 활동이나 어떤 이념에 진정으로 참여할 때 진행되며, 그 과정을 성실히 수행할수록 심리적으로 더 건강해진다.

_고든 올포트, 『편견』

673 | 인간의 충동성

인간은 주관에 휘둘려 충동적이다. 집단적으로 똑같이 행동해 자기 과신(過信)과 편향에 빠진다. 때로는 자신이 보는대로, 때로 남들이 하는대로 따라 결정하는 존재이다.

_대니얼 카너먼, 『생각에 관한 생각』

674 | 의식과 무의식의 공존

인간의 마음은 과학자도 되고 변호사도 되도록 설계되었다. 가끔은 객관적 진실을 의식적으로 추구하는 사람이 되고, 가끔은 자신이 믿고 싶은 것을 무의식적으로 열렬히 변호하는 사람이 된다.

_레오나르드 믈로디노프, 『"새로운" 무의식』

675 | 거짓말쟁이의 비밀신호

자신의 감정을 숨기기 위해 다른 감정을 위장의 용도로 사용하는 가면 중에서 가장 많이 사용되는 것은 미소다. 미소는 두려움, 분노 등 모든 부정적인 감정들을 감출 수 있다.

_폴 에크먼, 『*표정의 심리학*』

676 | 비현실적 착각

사람은 세상을 중립적으로 관찰하지 않는다. 우리 사회에서 개인들은 자기 자신을 더 높이 생각하고, 종종 자기의 능력과 성취에 대해 비현실적으로 아첨하는 의견을 갖도록 동기 부여된다.

_대니얼 L. 샥터, 『*기억의 일곱 가지 죄악*』

677 | 환상 속 삶

현대 산업사회에서 살아가는 사람들은 삶에 무관심하게 되지만 그것을 알지 못하기 때문에 자신이 소유하고 있는 것이 많아질수록 더욱 행복할 것이라는 환상 속에서 살아가게 된다.

_에리히 프롬, 『*사랑의 기술*』

678 | 권위와 복종

특정한 권위를 지닌 자가 지속적으로 가혹행위를 지시하고, 그것이 가장 옳은 일이라는 확신을 심어주게 되면 그 행위의 결과가 사망에 이르는 끔찍한 일이라 할지라도 사람들은 지시에 복종하는 경향이 있다.

_스탠리 밀그램, 『*권위에 대한 복종*』

679 | 인지 부조화

우리는 평생 자신의 믿음과 일치되는 정보에만 관심을 기울이고, 주변에 자신의 믿음을 지지하는 사람들만 두고 자신이 이미 저질러놓은 것을 의심케 하는 정보는 무시한다.

_레온 페스팅거, 『*인지부조화 이론*』

680 | 배신하는 인간

인간은 태어나면서부터 허영심이 강하고, 타인의 성공을 질투하기 쉬우며, 자신의 이익 추구에 대해서는 무한정한 탐욕을 지닌 자다. 그리고 인간은 변덕스럽고, 위선적이며, 탐욕스러운 동물이다.

_니콜로 마키아벨리, 『*군주론*』

681 | 감정의 동물

우리가 사람을 대할 때, 논리적인 동물을 대하고 있지 않다는 점을 기억해야 한다. 우리는 감정의 동물, 즉 편견으로 마음이 분주하고 자존심과 허영에 따라 움직이는 동물과 상대하고 있는 것이다.

_데일 카네기, 『자기관리론』

682 | 태생적 행복

만일 남의 눈을 의식하는 태생적인 결함에서 벗어날 수만 있다면 인간이 누릴 수 있는 마음의 평화와 힘은 매우 커진다. 즉 인간은 누구나 홀로 있지 않을 수 없다. 결국 인간의 행복은 얼마나 홀로 잘 견딜 수 있는가에 달려 있다.

_쇼펜하우어, 『사랑은 없다』

683 | 의심의 힘

진실에 대한 탐구는 그 전까지 '진실'이라고 믿던 모든 것에 대한 의심으로부터 시작된다. 또한 젊은이를 타락으로 이끄는 확실한 방법은 다르게 생각하는 사람 대신 같은 사고방식을 가진 이를 존경하도록 지시하는 것이다.

_프리드리히 니체, 『신은 죽었다』

684 | 인간의 이중성

사람은 자기의 탓이 아닌 외부에서 일어난 죄악이나 잘못에 대해서는 크게 분개하면서도 자기의 책임하에 있는 죄악이나 잘못에 대해서는 분개하지도 않고 싸우려고도 하지 않는다. _블레즈 파스칼, 『팡세』

685 | 인연은 신중히

함부로 인연을 맺지 마라. 진정한 인연과 스쳐가는 인연은 구분해서 인연을 맺어야 한다. 진정한 인연이라면 최선을 다해서 좋은 인연을 맺도록 노력하고 스쳐가는 인연이라면 무심코 지나쳐버려야 한다.

_법정, 『무소유』

686 | 진정 원하는 것을 하라

당신에게 묻고 싶다. 당신은 목표를 위해 열심히 노력했지만 정작 그 목표를 달성하고 나서는 공허했던 적이 있는가? 목표를 성취하고도 전혀 만족스럽지 않은 텅 빈 승리를 이룬 상태 말이다. 마치 자신이 사기꾼 내지 협잡꾼이 된 기분마저 들기도 한다. 자신이 아니라 다른 누군가의 승리처럼 느껴진다. 이런 기분은 그 목표가 자신이 진정 원한 것이 아니었기 때문이다.

_앤서니 그랜트·앨리슨 리, 『행복은 어디에서 오는가』

PART 13

돈의 사이클을 만들어내는 부자들의 비밀

#부자 #돈 #재테크 #부동산 #주식

사람의 욕망은 끝이 없다. 하지만 의지와 노력은 끝이 있다. 욕망이 멈추어서 주저앉는 것이 아니라 주저앉기 때문에 욕망이 멈추게 되는 것이다. 작은 성공에 만족하는 경우가 그렇다. 마음은 결코 만족하지 못하지만 더 이상 노력하는 것이 힘들기 때문에 의지를 꺾는 것이다.

실패에 좌절해서도 안 되지만, 작은 성공에 만족해서도 안 된다. 그 만족은 진짜 만족이 아니기 때문이다. 큰 성공을 거둔 사람은 멈추지 않는다. 성공은 성공으로 끝나지 않는다는 것을 알기 때문에 자전거 타기와 같이 페달을 계속해서 밟는다. 성공의 사이클이 만들어지면 복리 효과가 나타난다. 기존의 성공에 성공을 더하게 되는 것이다.

687 | 실수는 위대한 것을 남긴다

나는 돈을 굴리면서 한 번도 손해를 본 적이 없는 가난한 사람은 많이 보았다. 위험 근처에는 아예 가지는 않으려는 조심성은 오히려 더 위험하다. 그러다 보면 자신이 차지할 수 있는 많은 돈을 그냥 흘려보내게 된다. 무언가 감행하고, 새로운 것을 시도하는 사람은 끝내 무엇을 얻는다. 그리고 새로운 것을 감행하는 사람은 실수를 하게 되어 있다. 이때 실수는 우리에게 위대한 것을 남긴다.

_보도 섀퍼, 『보도 섀퍼의 돈』

688 | 오천 년 부의 지혜

버는 것보다 덜 쓰게! 자네가 번 돈의 일부를 반드시 저축하게! 그럼 자네는 언젠가 반드시 부자가 될 걸세! 쥐꼬리만큼 벌더라도 10분의 1은 저축해야 하네. 저축하고 남은 돈으로 살 수 없는 것은 사지 말게. 첫째, 수입의 10%를 저축한다. 둘째, 수입의 20%는 빚을 갚는다. 셋째, 수입의 70%로 생활한다. 이는 5000년이 지나도 변하지 않는 부의 진리이다. _조지 S. 클래이슨, 『바빌론 부자들의 돈 버는 지혜』

689 | 투자자의 자세

투자자는 사람들과 접촉할 필요도 없고 상인이나 돈벌이에 눈면 사람들과 말다툼도 않고 매일 머릿속으로 계산만 한다. 투자자는 일종의 철학자로서, 세상의 소란한 아귀다툼으로부터 멀찍이 떨어진 어송연 연기를 뿜어내며 흔들의자에 앉아 생각만 하는 것이다.

_앙드레 코스톨라니, 『*돈이란 무엇인가*』

690 | 긍정의 검은 백조

기회는 생각보다 드물게 찾아온다. 명심할 점은, 긍정적 검은 백조는 항상 사전에 한 번쯤 모습을 보인다는 것이다. 그러므로 이 첫 번째 출현 단계를 놓치지 않도록 하라. 대부분의 사람들은 행운의 순간이 펼쳐져도 이를 깨닫지 못한다. 그러므로 대형 출판사(혹은, 영화사 중역, 은행 임원, 대사상가)가 만나자고 하면 선약을 취소하고 응하라.

_나심 니콜라스 탈레브, 『*블랙 스완*』

691 | 신념 체계

부자가 되는 모든 사건의 이면에는 과정 즉, 도전과 위험, 노력과 희생의 비하인드 스토리가 존재한다. 과정을 건너뛰려고 하는 사람들에게는 절대로 사건이 일어나지 않는다. 그리고 생을 바꾸고 싶다면, 다른 선택을 내려라. 다른 선택을 내리고 싶다면 신념 체계를 바꿔라.

_엠제이 드마코, 『*부의 추월차선*』

692 | 투자는 역사의 흐름이다

나는 오랜 기간 자산을 운용해오면서 어떤 사실을 실감했다. 바로 자산을 운용할 때 실제로 도움이 되는 지식이나 경험은 현재 시장의 분석이 아닌, 더욱더 폭넓은 세계사 지식의 '축적'과 '응용'이라는 사실이다. 수많은 펀드 매니저를 보고, 나 역시 펀드 매니저의 한 사람으로 활동해오면서 '세계사관'이 없다면 자산을 운용하며 장기간 성과를 올리기란 불가능하다고 생각하게 되었다.

_쓰카구치 다다시, 『*최고의 투자자는 역사에서 돈을 번다*』

693 | 나 자신부터 행동하라

아무것도 하지 않으면 삶은 점점 더 안 좋아진다. 가난과 어려움은 중력과도 같아서 아무것도 하지 않으면 저항하고 이겨내려는 노력이 없으면 한없이 바닥으로 끌려간다. 남 탓을 할 시간에 하루라도 빨리 행동으로 옮겨야 한다. 아무리 충성해도 회사가 내 노후를 책임져주지 않는다. 방법을 찾아야 하는 것도 행동해야 하는 것도 나 자신이다.

_단희쌤(이의상), 『*마흔의 돈공부*』

694 | 돈을 읽는 습관

지출 관리를 위한 몇 가지 팁을 말해주겠다. 첫째는 할부 사용 습관 대신 일시불 사용 습관을 만드는 것, 둘째는 적정 보험료율을 유지하는 습관, 셋째는 외식에 의미를 부여하는 습관, 마지막으로 돈을 쓰지 않고도 나를 행복하게 해 주는 것을 찾아서 실천하는 것이다.

_차칸양, 『돈의 흐름을 읽는 습관』

695 | 역사와 경제에 대한 통찰

역사를 실제로 움직이게 하는 것은 돈과 경제다. 사건과 정치의 이면에는 돈 문제가 어떤 식으로든 반드시 얽혀 있다. 그게 아니라면 굳이 사람을 희생시키고 엄청난 비용을 들여가면서 다른 나라와 싸울 이유가 없다. 이렇게 돈의 흐름을 따라가면 복잡하고 이해하기 힘든 근현대사가 의외로 쉽고 명쾌하게 정리된다.

_오무라 오지로, 『돈의 흐름으로 읽는 세계사』

696 | 부자의 5가지 습관

부자가 되는 다섯 가지 습관은 다음과 같다. 첫째, 아침 시간을 활용한다. 둘째, 정기적으로 운동한다. 셋째, 한 달에 최소한 한두 권의 책을 읽는다. 넷째, 인맥을 관리한다. 다섯째, 경제를 공부한다.

_강용수, 『부자는 돈이 일하게 한다』

697 | 부자와 벼락부자의 차이

부자와 벼락부자는 다르다. 벼락부자는 값을 따지는 '가격 기준'으로 물건을 선택한다. 원하지도 않으면서 '비싼 물건', '비싸다고 알 수 있는 물건'만 선택할 때도 있다. 그러나 진정한 부자는 호불호나 편의성 등 '자신의 기준'으로 선택한다. 어디까지나 '자신의 기준'으로 선택하는 부자를 모델링해야 한다는 점을 잊어서는 안 된다. _고코로야 진노스케, 『평생 돈에 구애받지 않는 법』

698 | 부와 인간심리

돈 문제는 재무관리가 아닌 역사와 심리학을 통해 이해할 수 있음을 깨달았다. 가장 크게 성공한 투자자, 가장 크게 파산한 투자자 모두를 만나고 깨달은 한 가지는 진정으로 부를 이해하고 부를 얻고 싶다면 인간의 심리를 알아야 한다는 것이다.

_모건 하우절, 『돈의 심리학』

699 | 경험을 나의 무기로

중요한 것은 오롯이 자신만의 지식과 경험을 쌓고 자신만의 눈으로 판단하는 것이다. 나는 지금도 주식 시장의 역사를 다룬 책을 즐겨 읽는다. 과거에 무슨 일이 일어났는지 배우고 그것을 거울삼아 나만의 무기로 활용할 수 있기 때문이다. 스스로 무엇을 하고 있는지 모르면 반드시 실패한다. 기다려라. 그리고 철저히 준비하라.

_짐 로저스, 『위기의 시대, 돈의 미래』

700 | 월스트리트 전설의 투자 조언

지금 돌이켜보니 통계학보다는 역사와 철학 공부가 나의 주식 투자에 훨씬 도움이 되었다. 주식투자는 과학이 아니라 기술이다. 그래서 만사를 철저하게 계량화하도록 훈련받은 사람에게는 불리한 일이다. 만일 종목 선택이 계량화할 수 있는 작업이라면, 슈퍼컴퓨터를 사용하는 사람이 거액을 벌 것이다. 그러나 주식시장은 계량화가 잘 통하지 않는다.

_피터 린치·존 로스차일드, 『전설로 떠나는 월가의 영웅』

701 | 미래 예측

돈을 번 대가들은 모두 한결같이 미래란 정해져 있지 않아 알 수 없다고 겸손하게 고백하는 반면에 돈을 벌지 못한 자칭 도사들은 미래를 안다고 소리 높여 떠들어댄다.

_브라운 스톤, 『부의 본능』

702 | 투자 수익의 원칙

내가 지금까지 관찰해 본 결과 저평가된 주식이 정당한 대접을 받기까지 걸리는 시간은 매우 길고 회계학적 통계 분석에 아주 능숙한 투자자가 이 기간 동안 투자 수익을 올린다 해도 그 금액은 합리적인 투자자가 탁월한 성장 기업에 투자해서 얻을 수 있는 투자 수익에 비하면 매우 적다. _필립 피셔, 『위대한 기업에 투자하라』

703 | 주식종목 선정은 예술

종목 선정은 예술인 동시에 과학이다. 하지만 예술과 과학 어느 한쪽으로 너무 치우치면 위험하다. 머리를 대차대조표 더미 속에 처박고 계산에만 몰두하는 사람은 주식투자로 성공하지 못한다. 대차대조표에서 기업의 미래를 알 수 있다면 수학자들과 회계사들이 이 세상에서 가장 부유한 사람이 되어야 할 것이다.

_피터 린치·존 로스차일드, 『피터 린치의 이기는 투자』

704 | 부자들의 교과서

부자들이 부자가 되는 것은 특정 법칙에 따라 행동하기 때문이다. 자신이 몸 담고 있는 산업분야에서 누군가는 부자가 되었는데 자신은 부자가 되지 못했다면, 그것은 그 사람이 일을 실행한 방식과 같은 방식으로 일을 하지 않았기 때문이다.

_월러스 워틀스, 『부자 마인드 수업』

705 | 슈퍼리치의 비밀

한국의 슈퍼리치들은 자신의 꿈, 무엇보다 자기 자신을 믿고 모진 풍파를 헤쳐나간 사람들이다. 이들도 처음에는 우리와 다르지 않았다. 더 이상 그런 삶을 살지 않기로 결심한 순간, 자신을 믿고 모진 세상과 싸워 보기로 결심한 순간, 그들은 더 이상 과거의 나약한 인간이 아닌 위대한 도전자로 변해 있었다.

_신동일, 『한국의 슈퍼리치』

706 | 돈의 황금률

돈은 사랑과 같습니다. 당신이 돈을 벌었다고 해서 다른 사람의 돈을 빼앗은 것은 아니지요. 다른 사람의 돈이 한순간 줄어들 수도 있겠지만, 궁극적으로 당신은 그들을 위해 가치를 만들어낸 겁니다. 돈은 사랑처럼 창조할 수 있고, 돈은 사랑처럼 이미 있는 곳에서 더 쉽게 생긴다는 것을 기억하세요.

_켄 블랜차드·셀든 보울즈, 『부자의 황금률』

707 | 유대인의 부

숫자에 익숙하고 철저해지는 것이 유대 상술의 기초이며 돈벌이의 기본이다. 만약 돈을 벌고 싶다면 언제나 생활 속에 숫자를 끌어들여 친숙해지는 습관을 체득하라. 장사할 때만 숫자를 들고 나온다면 이미 돈을 버는 것과는 멀어진 것이다.

_이희영, 『솔로몬 탈무드』

708 | 전설의 부자가 딸에게 한 말

짐 로저스는 환갑이 넘어서 낳은 딸에게, "주위 사람들이 너의 어떤 행위를 제지하거나 네가 하려는 일을 우습게 본다면, 그거야말로 성공의 조짐이 보이는 것으로 받아들여라! 분명한 것은 그저 남들 하는 대로 어영부영 따라 하면서 성공에 이른 사람은 지금까지 단 한 명도 없었다."라고 얘기한다.

_이상건, 『부자들의 생각을 읽는다』

709 | 레전드가 알려주는 주식투자법

친척이나 친구에게 투자 조언을 받는 오랜 관습은 위험하므로 유의해야 한다. 남들은 투자에 대한 지식과 경험이 더 풍부할 것이라고 지레 짐작해서는 안 된다. 친척이나 친구의 조언에 의지하는 것은, 맹인이 맹인에게 의지하는 것과 다르지 않다. 엉터리 조언이기 때문에 공짜로 퍼주는 것이다. _벤저민 그레이엄, 『현명한 투자자』

710 | 부자의 레버리지

부자는 자신의 돈은 되도록 쓰지 않고 대부분 다른 사람의 돈으로 투자한다. 자기자금을 적게 하고 다른 사람의 돈의 비율을 높이는 것을 지렛대의 원리라고 부른다. 적은 자기 자금으로 큰 것을 움직이는 것이다. _마담 호, 『부의 시크릿』

711 | 현명한 투자자

인간은 태생적으로 고통을 피하고 쾌락과 안전을 추구하는 존재이다. 주변 사람들이 모두 불안해 할 때 팔고 사람들 모두가 좋다고 느낄 때 사는 것을 당연하게 생각한다. 그것이 옳다고 느낄 수는 있다. 그러나 결코 합리적 행동이 아니다.

_칼 리처즈, 『현명한 투자자는 이것이 다르다』

712 | 절제의 미학

큰 사람은 어떤 시련에도 아랑곳하지 않고, 한 길로 정진하고 정진하여 결국엔 천하에 이름을 떨칩니다. 하지만 작은 사람은 작은 시련에도 운명을 탓하며 하늘을 원망하다가 더욱더 곤궁함에 빠지게 됩니다. 절제를 엄중히 지키면서 때를 기다려야 합니다.

_미즈노 남보쿠, 『운명을 만드는 절제의 성공학』

713 | 시스템적 사고

시스템적 사고를 하면 상반된 경제현상도 하나의 맥락으로 읽을 수 있다. 부동산 폭락, 주식시장 호황, 영화 〈왕의 남자〉 흥행, 미국의 이란 핵 제재, 북한 핵 사태, 금리인상, 자살과 이혼율 증가, 실업률 상승 등 서로 상관이 없어 보이는 사회, 경제, 문화적 사건들을 연관시켜 읽는 능력이 키워진다. 시스템적 사고체계는 부자일지를 쓰면서 반복하는 동안 점점 더 커지고 견고해진다.

_문승렬, 『한국 부자들의 부자일지』

714 | 주식투자의 4가지 관점

동학 개미들이 계속 성공적인 투자를 하려면 네 가지를 명심해야 한다. 첫째, 주식과 펀드에 대해 공부해야 한다. 둘째, 장기적으로 좋은 투자습관을 만들어야 한다. 셋째, 좋은 주식과 좋은 펀드를 선택하여 분산투자해야 한다. 넷째, 그런 다음 인내하며 오래 보유하고 있어야 한다.

_강방천, 『강방천의 관점』

715 | 랍비의 조언

성공하고 싶은 사람은 자존심뿐만 아니라 자부심과 사람들의 존경에 초점을 맞추어야 한다. 자부심은 진정한 성취의 결과이며 다른 사람이 줄 수 없는 것이다. 돈은 있지만 자신의 소중한 사람들로부터 존경이 없으면, 삶은 아주 취약해진다.

_다니엘 라핀, 『부의 바이블』

716 | 워렌 버핏의 투자 노하우

주식을 단순한 주권이 아니라 그 기업을 부분적으로 소유하는 일이라고 생각하지 않는다면 주식에 투자하지 말라. 그리고 최소한 5년 이상 투자할 생각이 아니라면 아예 집중투자는 시작하지도 말라. 기간이 길면 길수록 더욱 안전하다.

_로버트 해그스트롬, 『워렌 버핏 투자법』

717 | 토지 투자는 '발품'이다

토지 투자에서 가장 중요한 것은 바로 '현장'이다. 서류상으로는 보이지는 않는 땅의 장점과 단점이 현장에 가면 한눈에 들어오기 때문이다. 그래서 토지 투자는 '발품'으로 돈을 버는 것이다.

_전은규, 『집 없어도 땅은 사라』

718 | 부동산 고수의 조언

세상은 정글과 같아서 틈만 나면 나를 먹잇감으로 삼으려는 맹수들이 우글거린다. 당신이 서둘러서 부자가 되고 싶다는 욕심을 드러내면 맹수들의 타깃이 될 가능성이 크다. 따라서 시간을 두고 천천히, 빌라의 가치를 보는 시각을 높이고 분석력도 키우면서 인맥을 쌓아라.

_김원철, 『부동산 소액 투자의 정석』

719 | 토지 투자의 원칙

토지를 빨리 팔기 위하여 매입했다면 내 땅을 팔아줄 사람들이 많은 곳에 가서 땅을 사야 한다. 즉 중개업자들이 많은 곳에 가서 토지를 매입한다는 말이다. 중개업자들이 여럿 있다면 거래는 항상 빈번히 이루어질 것이고 이는 내가 산 부지도 빨리 거래될 수 있다는 의미이다.

_김용남, 『평생 연봉, 나는 토지투자로 받는다』

720 | 토지 투자의 기술

토지를 매입할 때 딱 한 가지만 생각하라. 그 토지에 무엇을 하면 좋을지를. 토지를 보는 순간 여러 가지 건축물이 떠오른다면 좋은 투자대상이고, 만약 건축이 불가능한 토지라면 아무리 싸더라도 피해야 할 것이다.

_김용남, 『1년 안에 되파는 토지투자의 기술』

721 | 부자들의 시각

부자가 되기 위해서는 시야를 좁게 만드는 주관적인 생각들은 최대한 빨리 버려야 한다. 객관적인 시야로 바라볼 때 미래가치가 뚜렷하게 보이기 때문이다. 객관적인 시야로 가치를 판단할 수 있게 도와주는 거시적인 지표로는 위에서 언급한 아파트 단지의 규모, 교육환경, 편의시설, 자연환경, 교통환경 등이 있으며, 미시적인 지표로는 대지지분, 용적률 등이 있다. _고준석, 『강남 부자들』

722 | ETF의 신

투자에 관심이 전혀 없었거나 재테크를 어디서부터 시작해야 할지 모르는 사람, 주식 투자에 대한 막연한 두려움으로 경계했던 사람들도 행복한 내일을 위한 준비 수단으로 바로 시작할 수 있는 것이 ETF 투자입니다. _강흥보, 『ETF 투자의 신』

723 | 비트코인의 미래

새로운 비트코인이 채굴되는 속도는 시간이 지날수록 점점 느려지다가 어느 순간이 되면 비트코인이 전부 채굴되어 고갈된다. 따라서 비트코인이 디지털 화폐로 기획되기는 했지만, 실제로는 투기 상품인 '디지털 금'에 가깝다. 그리고 비트코인에 대한 투기

거래로 엄청난 시장 변동성도 생겨났다.

_라나 스워츠, 『디지털 화폐가 이끄는 돈의 미래』

724 | 블록체인 혁명의 시대

블록체인 암호화폐를 4차 산업혁명의 금융 시스템이라고 말하기도 하는데, 여기에는 왜 '혁명'이라는 말이 들어갔는지 생각해봐야 한다. 전산망을 구축할 필요 없이 인터넷망만 있으면 모바일 금융 인프라는 그것으로 끝이다. 우리는 지금 거대한 트렌드가 바뀌는 경계선에 있으며, 새로운 디지털 세상으로 다가가고 있다는 것을 자각해야 한다.

_신의두뇌, 『월街의 영웅 비트코인을 접수하다』

725 | 돈 버는 평생 루틴

물건을 정리하지 못하는 사람은 돈 관리도 잘 하지 못한다. 물건이든 돈이든 자신에게 얼마나 필요한지 판단하는 기준이나 가치관이 있어야만 소중하게 대할 수 있다. 무조건 많은 것이 좋다고 생각한다면 아무리 많이 가져도 그 소중함을 깨달을 수 없다.

_요코야마 미츠아키, 『90일 완성 돈 버는 평생 습관』

726 | 돈에게 사랑 받는 방법

어리석은 사람은 눈앞의 이익에 집착하고 탐욕스럽게 굽니다. 하지만 돈의 신에게 사랑받는 사람은 자기가 쓴 돈과 에너지가 부와 행복한 추억을 늘려 준다고 생각합니다. 그래서 풍요로움과 부유함은 빼앗기는 것도 줄어드는 것도 아닌 점점 늘어나는 것이라고 생각하죠.

_후지모토 사키코, 『돈의 신에게 사랑받는 3줄의 마법』

727 | I MAY BE WRONG

내가 틀릴 수 있음을 인정하는 것은 투자뿐만 아니라 인생을 살아가는 데 너무나 중요하다고 생각합니다. 그러나 단순히 '뭐, 틀릴 수도 있지'라고 받아들이는 것과 '언제, 어떤 경로로 틀렸음을 인지할 수 있게 되는가'라는 질문을 던지는 것은 대단히 다릅니다. 틀릴 수 있으려면, 틀릴 수 있도록 시나리오를 설계해야 합니다.

_홍진채, 『주식하는 마음』

728 | 나도 혹시 금융 문맹

금융 문맹은 영어로 Financial Illiteracy라고 한다. 금융 문맹은, 쉽게 말하자면, 금융지식이 상당히 부족하다는 뜻이다. 금융은 결국 돈에 관한 문제이므로, 금융 문맹은 돈이 어떻게 생기거나 조달되고, 유통되고, 돈이 어떻게 불어나거나 줄어드는지, 돈의 가치가 왜 오르거나 내려가는지, 등을 전혀 이해하지 못하는 것을 의미한다.

_존 리, 『존리의 금융문맹 탈출』

729 | 돈을 일하게 하라

부를 형성하는 최고의 방법은 돈이 스스로 일하게 하는 방법을 깨닫는 것이다. 사람이 노동을 통해 벌 수 있는 돈에는 한계가 있다. 하지만 돈은 잠도 안 자고 피곤한 줄도 모르며 계속해서 일할 수 있다.

_존 리, 『존리의 부자되기 습관』

730 | 투자의 본질

투자의 본질은 불확실성에 있다. 투자에서 불확실성이 모두 제거된다면 그때부터는 돈이 많은 사람이 수익을 올리는 자본의 논리만이 남게 될 것이다. 도로에 안개가 적당히 끼어 있어야 과속을 하지 않는 것이다.

_아기곰, 『아기곰의 재테크 불변의 법칙』

731 | 스스로에게 시간을 선물하라

바쁘면 좋은 시대는 지났다. 능력 있는 사람들은 시간의 여유를 느끼며 살아간다. 시간이 돈보다 더 가치 있다는 사실을 알아채기 시작한 사람들이 늘고 있다. 일부러라도 시간을 가져야 한다. 그러기에 파이어족은 아주 좋은 방법이다. 파이어족은 스스로에게 시간을 선물하는 사람들이다. _신현정·신영주, 『파이어족의 재테크』

732 | 부자언니의 충고

우리는 남들이 쉽게 이루었다 생각하고 나는 타고난 운이 없어 안 되는 거라고 스스로 위로하는 경향이 있다. 억대 연봉을 받기까지 얼마나 노력했는지, 대체 저 사람은 하루를 어떻게 사는지, 시간은 누구에게나 공평하게 주어지는데 그 똑같은 시간에 나는 무엇을 했고 저 사람은 무엇을 했을지 생각해 보았다면, 그렇게 쉽게 아무것도 아닌 돈이니 빌려달라고 얘기하지 못했을 것이다. _유수진, 『부자언니 부자특강』

733 | 부자들의 가정교육법

정말 자수성가한 큰 부자들의 경우 그래서 자녀들 경제관념 교육에 항상 노력을 기울입니다. 증여세 아껴서 잘 증여해 주고 나중에 상속 잘 해주는 것만이 부의 대물림이 아니라, 자녀들한테 투자를 많이 하여 교육 잘 시키는 것과 더불어 올바른 경제관념을 어릴 때부터 잘 형성시키는 것도 중요한 부의 대물림이라는 것을 부자들은 본능적으로 알거든요. _바보아저씨, 『바보 아저씨의 경제이야기』

734 | 인간은 과거를 답습한다

인간은 자신의 역사를 창조하지만, 자신이 원하는 대로 하지는 못한다. 즉, 인간은 자신이 직접 선택한 환경이 아니라 과거로부터 이어져 내려온 주어진 환경에서 역사를 창조한다. 모든 앞선 세대의 전통은 살아있는 사람들의 머릿속에서 악몽처럼 자리 잡고 있다.

_토드 부크홀츠, 『죽은 경제학자의 살아있는 아이디어』

735 | 운명의 신호를 포착하라

일을 하다 보면 언제나 위기나 좌절은 만나게 돼 있다. 위기의 순간 '모멘텀'을 얼마나 잘 포착하느냐에 따라 운명은 얼마든지 바뀔 수 있다. 우연히 지나던 사람의 말 한마디, 우연히 읽은 책 한 구절, 우연히 켜놓은 TV 속 한 장면을 통해서도 인생은 달라질 수 있음을 명심해야 한다.

_신여진, 『부러우면 지는 거다』

736 | 부자들의 음모

100년 전만 하더라도 노예들은 농장에서 일했다. 오늘날에도 똑같은 이야기가 되풀이되고 있다. 수많은 사람들은 대기업, 군대, 정부조직에서 일한다. 이런 것들은 다른 형태의 농장일뿐이다. 우리는 좋은 일자리를 얻기 위해 학교를 가지만 거기서는 부자를 위해 일하는 법, 부자 회사에 자금관리 하는 법, 부자회사의 인력 관리 하는 법 등만 가르친다. 어떻게 하면 부자가 될 수 있는지, 어떻게 하면 농장주인이 될 수 있는지는 가르치지 않는다.

_로버트 기요사키, 『부자들의 음모』

737 | '100-나이' 법칙으로 투자하기

"보통 20, 30대는 종자돈을 마련하는 것이 목표고 40, 50대는 안정된 수익을 올리는 데 초점을 맞추는 편이야. 노년층이 되면 원금을 보장하고 꾸준히 이자 수익을 올릴 수 있는 상품에 가입해야겠지. 보통 '100-나이' 법칙이라고 해서, 100에서 자기 나이를 뺀 숫자 비율만큼을 공격적인 투자로 두고, 나머지는 안정적인 투자를 하라고 권해."

_현영, 『현영의 재테크 다이어리』

738 | 돈의 본질

돈은 법인보다 더 정교하고 구체적인 인격체다. 어떤 돈은 사람과 같이 어울리기 좋아하고 몰려다니며, 어떤 돈은 숨어서 평생을 지내기도 한다. 자기들끼리 주로 가는 곳이 따로 있고 유행에 따라 모이고 흩어진다. 자기를 소중히 여기는 사람에게 붙어 있기를 좋아하고, 함부로 대하는 사람에겐 패가망신의 보복을 퍼붓기도 한다. 그리고 사람들이 잘 모르는 사실이 있다. 작은 돈이 사람을 부자로 만들고, 큰돈이 사람을 가난하게 만든다는 사실이다. 작은 돈을 함부로 하면 안 되고 큰돈은 마땅히 보내야 할 곳에 보낼 수 있어야 한다.

_김승호, 『돈의 속성』

739 | 문화가 돈을 만든다

돈이 문화를 만들지만, 문화는 다시 돈을 만듭니다. 뉴욕의 출발은 돈이었지만, 세계의 문화가 모이고 그래서 세계의 돈이 집중되는 지금의 뉴욕을 만든 것은 뉴욕의 문화입니다. 여전히 이해하기 힘든 잭슨 폴록의 그림을 보면서, 존 레넌을 기념하기 위해 센트럴파크 안에 아담하게 만들어진 스트로베리필드를 걸으면서 든 생각입니다.

_유병률, 『딜리셔스 샌드위치』

740 | 투자의 신

투자자는 용기도 있어야 하고 적극적으로 참여할 줄도 알아야 하며 게다가 현명해야 한다. 그리고 "난 알아. 하지만 다른 사람들은 모두 어리석어."라고 스스로 자신 있게 말해야 한다. 투자자가 대중심리로부터 벗어나 하강운동의 과장국면에서 매수했다고 하면 그는 그 이후에 주가가 떨어져도 주식을 계속 소유할 수 있는 강한 주관을 가져야 한다.

_앙드레 코스톨라니, 『돈, 뜨겁게 사랑하고 차갑게 다루어라』

741 | 행운의 배신

가장 흥미로운 점은 이들이 파산한 방식이 놀라울 정도로 비슷하다는 사실이다. 이들은 단지 돈을 잃는 데 그치지 않았다. 돈을 잃으리라고는 꿈에도 생각지 못한 시점에 돈을 잃었다. 파산한 트레이더들의 특징을 보면, 이들은 자신이 시장을 잘 파악하고 있으므로 불리한 사건을 피할 수 있다고 믿었다. 이들이 위험을 감수한 것은 용감해서가 아니라 단지 무지했기 때문이다.

_나심 니콜라스 탈레브, 『*행운에 속지 마라*』

742 | 장기적으로 승부하라

부동산투자의 본질도 주식처럼 가치투자이다. 다소 정보가 폐쇄적이고 지역적 특수성과 획일적인 내재가치의 계량화가 어려운 특징은 있지만 주식과 마찬가지로 장기투자가 많다. 나도 부동산과 주식 모두 장기투자를 좋아한다. 그렇지만 부동산은 내재가치 파악의 어려움 때문에 현장을 방문하는 활동이 매우 중요하다.

_박길상, 『*마흔이후는, 사람 공부 돈 공부*』

743 | 주식을 사는 이유

"나는 지금 코카콜라 주식 6억 6,000만 주를 주당 50달러 조금 못 미치는 가격에 산다. 회사는 320억 달러의 가치가 있다." 주당 48달러에 코카콜라 주식 100주를 사기 전에 여러분은 답을 생각해봐야 합니다. "나는 오늘 코카콜라 회사 주식을 320억 달러에 산다. 왜냐하면……." 만약 여러분이 이 "왜냐하면"에 답할 수 없다면 그 주식은 사면 안 됩니다.

_워렌 버핏, 『워렌 버핏의 주식투자 콘서트』

744 | 고지식이 불이익을 만든다

우리는 이러한 분석을 통해 일반적인 교훈을 도출할 수 있다. 시장이 복잡해질수록 교육 수준이 낮고 고지식한 사람들이 특히 이러한 복잡성 때문에 불이익을 당하게 된다는 사실이다. 순진하고 고지식한 사람들은 또한 순수하고 유익한 조언자의 역할을 자처하는 사람들의 이기적인 조언 혹은 형편없는 조언에 의지할 가능성이 비교적 높다.

_리처드 H. 탈러, 『넛지』

PART 14

천재들은 어떻게 사고하는가

#창조적아이디어 #자기계발 #천재
#아이데이션 #창의력 #상상력

상상력은 창조력과 문제해결력의 기초이다. 우리가 원하는 바를 얻기 위해서는 새로운 것을 찾아내고 지속해서 부딪히게 되는 문제를 해결해야 한다. 인터넷을 뒤지면 웬만한 것을 다 얻을 수 있고 손쉽게 해답을 찾을 수 있다. 이 때문에 사람들은 점점 더 생각하지 않게 되고 있다. 하지만 개인과 인류의 발전은 항상 일반적인 지식이 아니라 그것들을 결합하는 새로운 생각에서 비롯되었다.
요즘 전철이나 버스를 타면 거의 모든 사람이 스마트폰을 들여다보거나 이어폰으로 무언가를 듣고 있다. 스마트기기와 멀티미디어의 발전은 눈부시다. 반면 우리 뇌와 상상력의 발전에 대해서는 의문이 든다.

745 | "아뇨"의 힘

이제 나는 엄마로서, 디자이너 공동체에서 경험이 많은 사람으로서 '아뇨'라고 말할 수 있게 되었다. '아뇨'라는 말엔 힘이 있다. '아뇨'라고 말하는 건 자신의 가치를 올리는 방법이다. 특정한 일이나 다른 생활 방식을 거절하면서 배운 것이다. 그 덕에 좀 더 균형 잡힌 삶을 누릴 수 있고 더 나은 제안도 빨리 들어오게 된다.

_그레이스 보니, 『독립 수업』

746 | 집중력을 키우는 방법

집중력을 향상하는 동시에 주의 산만증을 이겨내는 법을 배우고 싶다면, 당신이 곧 시작하려는 일을 가능한 한 상세하게 시각화하는 시간, 즉 마음속에 그리는 시간을 가져 보라. 당신 머릿속에 잘 다듬어진 대본이 있다면 눈앞에 무엇이 있는지 더 쉽게 파악할 수 있기 때문이다.

_찰스 두히그, 『1등의 습관』

747 | 후회 없는 삶

후회 없이, 진정한 삶을 살고 싶은가? 그렇다면 스스로 근본적인 질문들을 던져보라. 그리고 그 질문들이 자신을 어디로 이끄는지 보라. 정말로 그 직업을 원하는가? 그 관계가 나에게 좋을까?

내가 무언가를 할 수 있다면, 나는 오늘 그 일을 할 것인가, 아니면 다른 일을 할 것인가?

_크리스 길아보, 『쓸모없는 짓의 행복』

748 | 생각하는 독서

나에게 좋은 책일수록 지저분하다. 나의 생각이 빼곡히 적혀 있기 때문이다. 밑줄 치고 생각을 기록하고 본문을 접어놓기도 하고 포스트잇을 붙이기도 한다. 책을 읽는 이유는 생각을 하기 위해서다. 생각하는 '상태'를 만들기 위해서 독서를 하는 것이다.

_복주환, 『생각정리스킬』

749 | 놀이공간을 만들어라

우리 내면의 어린 아티스트가 즐겁게 뛰놀도록 하는 최고의 방법은 노는 것처럼 일하는 것이다. 그림을 그린다는 것은 얼마나 달콤한 놀이인가! 게다가 귀엽게 깎은 60개나 되는 연필은 또 어떻고! 아직도 편리한 컴퓨터 대신 조랑말처럼 탁탁거리는 타자기를 쓰는 작가들이 많다. 작업공간이 놀이공간 같을 때 일이 가장 잘된다는 것을 그들은 알고 있기 때문이다.

_줄리아 카메론, 『아티스트 웨이』

750 | 기발함을 찾아라

일반적인 당연함을 부정하는 것, 그것은 우리를 활동적이고 역동적이게 만든다. 사람들이 당연하다고 생각하던 정서를 뚫고 일어서는 생각, 우리는 그것을 기발함이라고 부른다. 기발함이란 특별한 생각을 말하는 것일까? 그렇지 않다. 기발함이란 '그때까지 다른 사람들이 생각하지 못하던 평범한 생각'이다.

_박용후, 『관점을 디자인하라』

751 | 생각은 질보다 양

앞에서도 언급한 것처럼 천재와 보통사람의 지적 능력 차이는 질보다는 양의 문제이다. 풀리지 않는 문제를 오랜 시간 생각하여 스스로 해결하는 것이 최선의 학습 방법이라고 한다면 영재교육은 아이들에게 난이도가 높은 문제를 내주고 오랜 시간을 생각하여 스스로 해결하도록 유도하는 교육일 것이다.

_황농문, 『몰입』

752 | 그림이 주는 위로

이 그림은 나의 문제를 내려다봄으로써 문제를 객관적으로 보게 하고, 차분한 사색을 가능케 합니다. 과거로 인해 여전히 마음은 아프지만, 조금만 다른 시선을 취할 수 있다면 어떤 고통의 격랑도 나를 쉽게 휩쓸어가지 못할 것이며, 나는 결국 고통의 정복자가 될 것이라는 예감을 들게 합니다. 저 안개 위의 방랑자처럼 말입니다.

_김선현, 『그림의 힘』

753 | 연습만이 답이다

매일 한 편씩 블로그에 글을 쓰지만, 스스로 글을 잘 쓴다고 생각한 적은 한 번도 없습니다. 글을 잘 쓰면 이렇게 매일 쓰지는 않을 것 같아요. 글을 못 쓰니까, 잘 쓰고 싶은 욕심에 자꾸자꾸 씁니다. 영어 공부든 글쓰기든, 어떤 일을 잘하는 비결은 매일 연습하는 것 말고는 없거든요.

_김민식, 『매일 아침 써 봤니?』

754 | 영웅들의 시선

영웅들을 카피하는 것의 가장 중요한 목적은 그들의 정신세계를 엿보는 것이다. 그들의 스타일을 카피해보면 그들이 세상을 바라보는 방식을 배울 수 있다. 만약 당신이 어떤 작품이 어떤 의도에서 만들어졌는지에 대한 이해 없이 작품 자체를 표면적으로 흉내만 내고 만다면, 그것은 그저 절도와 다를 바가 없다.

_오스틴 클레온, 『훔쳐라, 아티스트처럼』

755 | 마인드맵으로 생각하다

마인드맵은 우리 뇌의 무수히 많은 시냅스와 뇌세포들의 연결 고리를 모방한 것이다. 최근에는 마인드맵이 인간 두뇌의 사고 처리 과정을 그대로 옮겨놓은 것이며, 따라서 우리 머릿속에서는 실제로 마인드맵 같은 모양으로 생각이 이어진다는 주장을 뒷받침하는 과학적 연구가 이뤄지기도 했다. _토니 부잔, 『토니 부잔 마인드맵 마스터』

756 | 관계와 유사성

아이디어는 오래된 요소들의 새로운 조합, 그 이상도 이하도 아니다. 누구에게는 하나하나의 '팩트'가 뚝뚝 떨어진 지식으로 보이는 반면에, 누구에게는 사슬처럼 연결된 지식의 고리로 보인다. 팩트에는 관계와 유사성이 있다. _제임스 웹 영, 『아이디어 생산법』

757 | 사색가의 창조

사색가의 가장 큰 특징 중 하나는 세상이 정해놓은 그대로 세상을 바라보지 않는다는 사실이다. 그들은 모든 사물을 자신의 눈으로 바라보고 느낀 후, 자신의 언어로 정의한다. 때문에 그들에게 창조란 자신이 발견한 세상을 글이나 그림 혹은 음악의 형태를 빌려 그 틈 속으로 집어넣는 것을 의미한다. _김종원, 『사색이 자본이다』

758 | 자신의 목소리에 귀 기울여라

우리는 적극적으로 참여하도록 만들어졌다. 또한 우리는 다른 이들로부터 인정받으려고 발버둥 칠 때보다 자신의 목소리에 귀 기울일 때 자신의 삶에서 가장 풍요로운 경험을 한다는 것도 안다. 다시 말해서 자신에게 중요한 무언가를 하고, 그 무언가를 잘하고, 또 자신보다 큰 대의를 위해 노력할 때 우리는 가장 풍요롭다.

_다니엘 핑크, 『드라이브』

759 | 긴장을 풀고 휴식하라

우리 마음은 눈에 띄지 않는 곳에서 최고 성능을 발휘한다. 생산적 사고를 위한 기본 원칙은 문제 안으로 깊이 몰입한 다음 잠시 잊는 것이다. 긴장을 풀어라. 몽상하라. 햇빛을 받으며 산책하라. 무의식이 마술을 부리는 데 필요한 시간을 허락해야 한다. 그러니까 단번에 성공하지 못한다면 그냥 휴식을 취하라.

_팀 허슨, 『탁월한 생각은 어떻게 만들어지는가』

760 | 당연하지 않은 세상

우리는 너무도 쉽게 "당연하지"라는 말을 남발한다. 당연한 것에 의문을 제기하지 못한다면, 당연한 세상에 갇혀 길을 잃게 될 것이다. 세상의 수많은 현상이 지금 이 모양인 것은 당연한 것이 아니다. 이렇게 된 것에는 이유가 있고, 대개 그 이유는 우리가 함께 만들어낸 것이다. _박영준, 『혁신가의 질문』

761 | 질문의 7가지 영향력

질문을 바꾸면 세상을 바라보는 관점이 달라질 수 있다. 적절한 질문을 하면 앞을 향해 전진하고 어려운 시기를 통과할 수 있다. 첫 번째, 질문을 하면 답이 나온다. 두 번째, 질문은 생각을 자극한다. 세 번째, 질문을 하면 정보를 얻는다. 네 번째, 질문을 하면 통제가 된다. 다섯 번째, 질문은 마음을 열게 한다. 여섯 번째, 질문은 귀를 기울이게 한다. 일곱 번째, 질문에 답하면 스스로 설득이 된다. _도로시 리즈, 『질문의 7가지 힘』

762 | 혁신을 만드는 환경

어떤 환경은 새로운 아이디어를 억누르고, 어떤 환경은 별 노력을 들이지 않고도 새로운 아이디어를 낳게 한다. 도시와 웹은 혁신의 엔진이었다. 복잡한 역사적 이유들로 인해 도시와 웹은 좋은 아이디어의 창조, 유포, 채택에 대단히 적합한 환경이기 때문이다. _스티븐 존슨, 『탁월한 아이디어는 어디서 오는가』

763 | 생각의 낙차를 만들어라

감성 포텐셜이 높은 상태에서는 다양한 감성을 자극받아 잠재적 가능성을 이끌어낼 수 있지만, 감성 포텐셜이 낮은 상태에서는 익숙한 감각에 대해 감동을 느끼는 일이 거의 없다. 거의 마비된 상태라 새로운 사상이 생겨나지 않는다. 감성을 자극하려면 낙차를 만들어야 한다.

_무라타 치아키, 『크리에이티브를 읽는 기술』

764 | 자신감과 착각 구분하기

자신감이야말로 업무 능력, 직업적인 기량, 기억의 정확성 또는 전문 지식을 보여주는 정확한 신호라고 생각한다. 그러나 환자를 진단하면서, 외교 정책에 관한 결정을 내리면서, 법정에서 증언하면서 사람들이 보여주는 자신감은 착각일 때가 너무나 많다.

_크리스토퍼 차브리스·대니얼 사이먼스, 『보이지 않는 고릴라』

765 | 새로운 가능성을 발견하는 능력

사전적 의미로 통찰력은 '사물을 꿰뚫어 보는 능력' 혹은 '같은 사물과 현상을 보더라도 다른 의미로 재해석할 수 있는 능력'을 뜻합니다. 정보의 본질을 파악하고 그 정보 속에 내재된 새로운 가능성을 발견하는 능력이라는 것입니다. 아이디어는 아무것도 없는 완전한 무(無)에서 '발명'되는 것이 아닙니다.

_서재근, 『생각하는 늑대 타스케』

766 | 종이 한 장에 담은 아이디어

비주얼 씽킹은 복잡한 정보를 종이 한 장에 단순한 이미지로 표현하는 것이다. 이런 활동을 통해 아주 평범한 아이디어도 독특하게 혹은 창의적으로 표현할 수 있다. 활동 결과물은 이미지화되어 오랫동안 기억하는데 용이하다. _우치갑 외 5인, 『비주얼 씽킹 수업』

767 | 자신의 인생 디자인하기

당신 스스로 자신의 인생과 비즈니스를 디자인하여 당신 스스로 행동을 취하고, 당신 스스로 자기관리를 하여 보다 풍요로운 인생과 비즈니스를 창조한다. 즉, 'Plan-Do-Check-Action'이 아니라 'Check-Action-Plan-Do'로 생각한다.

_마츠무라 야스오, 『만다라차트 실천법』

768 | 무의식을 객관화하라

무의식적인 생각은 우리의 상태를 결정한다. 무의식적으로 변해버린 생각의 고리를 끊기 위해서는 의식적인 노력을 해야 한다.

명상과 자기성찰을 통해서 자신의 무의식 속에 무엇이 있는지 들여다본다. 그리고 무의식 속에서 발견한 생각을 객관적으로 바라봄으로써 더 이상 습관적인 화학 반응물질이 만들어지지 않도록 해야 한다.

_조 디스펜자, 『꿈을 이룬 사람들의 뇌』

769 | '안전하다'는 착각

너무 높게 나는 것보다 너무 낮게 나는 것이 훨씬 더 위험할 수 있다. 왜냐하면 '안전하다'는 착각을 주기 때문이다. 우리는 낮은 기대와 소박한 꿈에 만족하고, 자신의 능력을 과소평가하면서 안전하다는 느낌 속에 살아간다.

_세스 고딘, 『이카루스 이야기』

770 | 감사일기

몇 년 전 시작한 감사일기가 내 인생을 마법처럼 바꾸어 준 이유를 나는 여기에서 찾을 수 있었다. 내가 매일 감사일기를 쓰는 과정은 내 생각과 감정을 긍정적으로 훈련하는 과정이었고 자연스럽게 감정과 생각 패턴을 완전히 바꾸게 해 주었기 때문이다.

_강현순, 『미라클 라이팅』

771 | 창조성을 존중하라

창조성이란 우리 자신을 표현하는 방법이다. 민주주의에 목소리를 부여하고, 문명에 형태를 부여한다. 아이디어와 변화의 동인을 위한 발판이 된다. 우리는 창조성을 존중해야 한다. 그리고 무언가를 창조하는 사람이자 동시에 시민의 한 사람으로서 언제나 열린 마음과 편견 없는 태도를 지니려고 노력해야 한다.

_윌 곰퍼츠, 『발칙한 예술가들』

772 | 불편함을 견뎌라

혁신적인 생각이 즉시 환영받는 일은 그다지 많지 않다. 누구든 자신에게 익숙하지 않은 것에 거부감을 느끼며, 다른 사람의 의견을 비판하는 일에 능숙하게 훈련되어 있다. 새로운 아이디어가 혁신적일수록, 그것은 그간의 지식, 평생의 경험에 반하기 때문에 결국 모두를 불편하게 만든다.

_박정욱·박성민, 『생각마법서』

773 | 상상력으로 연결하다

비슷한 점이 없는 두 대상의 개념을 섞을 때는 자신이 놓여 있는 특정한 상황에 기반을 두게 된다. 패턴들은 서로 연결되고 상상력에 의해 뒤섞일 수 있다. 그렇게 섞인 것은 아이디어와 통찰력의 형태로 승화되며 논리적인 생각을 뛰어넘는다. 이것이 바로 창의적으로 생각하기다. _마이클 미칼코, 『생각을 바꾸는 생각』

774 | 상상력을 기르는 법

잘 자랄 수 있는 자리를 찾는다. 큰 구멍을 판다. 물을 준다. 한동안 궁금해 한다. 달빛이 충분한지 확인한다. 매일 사랑을 준다. 새로운 아이디어를 맞아들인다. 남들과 나눈다. 숲을 가꾼다! 새로운 곳을 여행한다. 상상력 한 그루를 생각한다. 잘 자랄 수 있는 새로운 자리를 찾는다. _그랜트 스나이더, 『생각하기의 기술』

775 | 스스로 경험을 채워라

학생들과 만나는 자리에서 창의성이란 '오래된 것들의 새로운 결합'이라는 말을 새겨주려고 노력합니다. 오래된 것들이란 학교 수업, 독서, 토론, 주변의 다양한 경험에서 배우고 익히는 오래된 지식이며 지혜입니다. 저는 우리 청소년 친구들에게 스스로 지식 주머니를 채우는 노력이 매우 중요하다고 강조합니다. _백승곤, 『창의력 교실』

776 | 낯선 사람들을 찾아라

안전지대 바깥의 사람들과 어울려라. 비슷한 사람들하고만 어울리면 비슷한 의견만 듣게 된다. 한스 크리스티안 안데르센은 교도관과 수감자들의 이야기를 들으려고 정신병원에 갔다. 그런 이야기들은 상상력을 부채질했다. 이를 바탕으로 안데르센은 독창적이고 영감 넘치는 동화를 지어냈다. _폴 슬론, 『크리에이터의 생각법』

777 | 마음을 비우고 일하라

당연히 끊임없이 일하는 사람은 결국 과로로 건강을 해칠 것이다. 하지만 일을 끊임없이 하더라도 자신의 욕망을 위해서 하지 않고, 마음을 비우고 타인을 위해서 하는 사람들에게는 놀랍게도 이러한 독성 호르몬이 분비되지 않는다. 그들은 뇌를 잘 단련시킨 사람들이라고 할 수 있다. _김병완, 『브레인 이노베이션』

778 | 번뜩임의 순간

통찰은 일관성 있고 애매하지 않게 나타난다. 가능한 답이 여럿 있다고 할 때 그중 하나로 나타나지 않는다. 통찰을 얻는 순간, 우리는 '아 그래, 바로 이거야!' 하고 생각하게 된다. 무언가가 끝났다는 느낌이 든다. 이 끝났다는 느낌이 통찰에 확신을 갖게 한다.

_게리 클라인, 『통찰, 평범에서 비범으로』

779 | 낯설게 대하기

생각을 명쾌하게 정리해서 완전히 차별화된 발상을 하고 싶나요? 기존에는 없었던 혁신을 이루고 싶나요? 그렇다면 우선 매순간 과거를 끊어내는 훈련을 하십시오. 과거를 끊어내는 가장 좋은 방법은 바로 이것입니다. '기존의 것들을 처음 보듯 낯설게 대하기'

_이윤석, 『머릿속이 뻥 뚫리는 생각 디자인』

780 | 숙제를 넘어 출제를 하라

"자동차 잘 만들어라", 이런 숙제가 떨어지면 우리도 이제 제법 잘 만든다는 겁니다…. 하지만 아무리 잘 만들어도 이건 '숙제'입니다. 누군가가 문제를 냈고 우리는 그 문제를 열심히 푼 겁니다. 여전히 우리는 '출제'를 잘 못 합니다. 우리가 문제를 내고 세계가 따라오게 한 게 있나 한번 생각해보십시오.

_최재천·박용후 외 10인, 『창의융합 콘서트』

781 | 재조합하는 지식

과학의 진보는 새로운 이론으로 건너뛰는 사고의 도약을 통하여 발생하지 않는다. 그 대신에 구체적인 성과들의 조합을 통해 일어난다. … 이 전의 요소들을 선택적으로 재조합하여 완전히 새로운 전체로 만드는 것이다.

_윌리엄 더건, 『제7의 감각』

782 | 천재도 기본을 다진다

피카소가 주창한 입체화는 기존 화단의 입장에서는 도저히 용납될 수 없는 하나의 장난짓거리에 불과했다. 그러나 결국 장(場)은 그를 인정할 수밖에는 없는 상황에 이르게 되고, 10년을 주기로 작품 세계를 쇄신하는 놀라운 창조력을 보여주었다. 피카소에게서 발견할 수 있는 교육학적 관점은 어느 한 분야에서 아무리 뛰어난 재능을 가진 신동도 10년 가까이 기본을 철저하게 터득했다는 점일 것이다.

_하워드 가드너, *『열정과 기질』*

783 | "껄"과 "다" 인생

후회하는 인생은 '껄'이라는 보석만 줍는다. … 그때 할껄. 배울껄. 고백할껄. 시작할껄. 투자할껄. 노력할껄 … 보람되고 성공한 인생은 '다'라는 보석만 줍는다. … 노력했다. 시도했다. 고백했다. 배웠다. 믿었다.

_최윤규, *『왜 그런 생각이 들었을까?』*

784 | 두뇌 훈련법

마인드맵은 한마디로 생각하는 힘을 기르는 일종의 두뇌 훈련법이라고 할 수 있다. 근육을 키우기 위해 무거운 기구를 들거나 힘든 운동을 반복하듯이, 사고력 역시 마인드맵 등의 훈련을 통해 높일 수 있다. 비유하자면 우리가 하는 말을 받아 적는 것이 워드 프로세서라면, 마인드맵은 우리의 생각을 받아 적는 것이라 할 수 있다.

_오경철·안세훈, 『트리즈 마인드맵』

785 | 다시 일어서는 원동력

'감정이입'은 발상의 원천이다. 어떻게 상품이나 서비스, 회사에게 감정이입을 할 수 있을까? 비즈니스맨에게는 항상 그런 물음이 기다리고 있다. 감정이입에는 또 하나의 이점이 있다. 실패해도 다시 일어서기 위한 원동력이 되는 것이다.

_오마에 겐이치, 『제로 투 원 발상법』

786 | 가설사고를 갖춰라

직장인이 가설사고를 갖추어 활용할 수 있게 되면 일상적으로 일을 할 때 3가지 큰 장점이 있다. 첫 번째는 정보의 홍수에 빠지지 않는다는 것이다. 두 번째는 문제해결에 도움이 된다는 것이다. 그리고 세 번째는 대국관을 가지고 일을 할 수 있다는 것이다. 이것들은 모두 일의 효율성을 높여주고 질적으로도 향상시켜준다.

_우치다 카즈나리, 『가설이 무기가 된다』

787 | "없음"에서 "있음" 만들기

많은 사람들이 1천을 구하는 나머지 하나를 경시하고 결국은 하나도 얻지 못하는 경우가 많다. 1천을 필요로 하는 당신은 1을 소중히 하지 않으면 절대 1천을 구할 수 없다. 하나를 만들기 위해서는 꾸준히 참는 인내력이 필요하다. 무에서부터 하나를 만들고 하나를 얻었을 때의 그 소중함을 배우게 되면 1천을 만드는 일은 생각보다 쉬울 것이다. _마빈토케이어, 『몸을 굽히면 진리를 줍는다』

788 | 노력으로 통제하라

열심히 하는 사람이 머리 좋은 사람 못 당하고, 머리 좋은 사람이 운 좋은 사람 못 당한다는 건 맞는 말입니다. 하지만 노력은 내가 통제할 수 있는 유일한 영역이에요. 내가 통제할 수 없는 머리와 운을 남들과 비교하지 말고 '어제의 나'와 '오늘의 나'를 비교하는 게 의미 있는 일입니다. _최윤규, 『관점, 다르게 보는 힘』

789 | 통찰과 관찰이 혁신이다

세상의 모든 혁신은 관찰에서 출발한다. 고수와 하수의 차이도 관찰에 있다. 같은 것을 보지만 어떤 사람은 보고 어떤 사람은 보지 못한다. 창조는 통찰에서, 통찰은 관찰에서 비롯된다. 위대한 통찰은 세속적인 것의 장엄함, 즉 모든 사물에 깃들어 있는 놀랍고도 의미심장한 아름다움을 감지하는 능력에 달려 있다.

_한근태, 『신은 디테일에 있다』

790 | 진부한 메시지를 피해라

지극히 당연한 메시지, 다양한 상황에서 흔히 사용되는 진부한 메시지는 가설로서 피할 필요가 있다. "경쟁사와 차별화된 상품만이 팔릴 것이다", "앞으로는 글로벌한 인재 채용을 고려해야 할 시대가 올 것이다" 같은 가설은 틀림없이 맞는 말이지만 너무나도 당연한 상식에 해당하기 때문에 가설로서의 가치가 부족하다.

_글로비스 경영대학원, 『크리티컬 씽킹』

791 | 고독의 힘

어느 분야에서건 최고의 실적을 남긴 사람들 중에는 고독을 좋아하는 사람이 많다. 왜 일류들은 고독을 즐길까. 고독해야 자신의 과제가 무엇인지 또렷이 떠오르기 때문이다. 무리로 몰려다니면 자신의 약점이 적당히 감춰진다. 그래서 자신의 실력을 과대평가하게 된다. 정도의 차이는 있지만 회사원들은 백 퍼센트 자신을 과대평가하고 있다.

_센다 다쿠야, 『혼자 있어야 시작할 수 있다』

792 | '왜'라는 질문

'왜'는 세상이 돌아가는 방법을 알아내기에 좋은 키워드입니다. 그 질문에 답할 수 없다고 해서 실패자가 되는 게 아니에요. 오히려 자신의 지식을 '개선'하는 계기로 받아들이며, 적극적으로 '왜'라고 묻는 자세가 필요합니다.

_아트 마크먼, 『스마트 싱킹』

793 | 정보를 활용하는 습관

구슬이 서 말이라도 꿰어야 보배라고 했듯이 좋은 정보도 활용되지 못하면 소용없다. 매일 만나는 날날의 데이터나 정보를 모으고 저장하고 결합해 활용하는 습관이 필요하다. 사진이나 영상, 글 등의 텍스트로 그때 그곳의 인상과 느낌을 수시로 기록하라.

_김시래, 『벽이 문이 되는 순간』

794 | 생각이라는 호수

인간은 생각이라는 호수를 가지고 있다. 이 호수가 잔잔하고 평화로워서는 안 된다. 생각의 호수가 잔잔하면 창조에 아무런 기여를 못한다. 창조성은 생각의 호수가 출렁거리는 현상으로 생겨난다. 태풍이 불어 호수 밑의 물이 위로 올라오고 위의 물이 아래로 섞이며 공기가 밑에까지 도달해야 호수가 건강해진다.

_이홍, 『세종에게 창조습관을 묻다』

795 | 안정감이라는 환상

당신이 통제할 수 없는 변화들이 언제든 어디서든 나타난다. 우리 인생은 모두 순간적이며, 우리가 점프를 하든 안 하든 관계없이 늘 오고 가는 것일 뿐이다. 당신이 가졌다고 생각하는 안정감이라는 환상 때문에 점프를 피하지 말자. 그 환상 역시 언젠가는 변할 것이기 때문이다.

_마이크 루이스, 『나는 지금 점프한다』

796 | 창의적 사고와 생물 다양성

창의적 아이디어는 생물의 다양성과 닮아 있습니다. 개인의 삶부터 조직에서의 팀 구성 그리고 경제까지, '같지 않다는 것'은 건강하다는 것을 입증합니다. 획일화된 사고방식에서는 창의성의 씨앗이 싹트기 어렵습니다. 창의적 사고와 생물 다양성, 두 과정 모두 결론적으로 더 나은 결과를 만들기 위한 끊임없는 노력입니다.

_신호진, 『끌리는 아이디어의 비밀』

797 | 뇌과학자의 조언

인류는 책을 읽도록 태어나지 않았다. 독서는 뇌가 새로운 것을 배워 스스로를 재편성하는 과정에서 탄생한 인류의 기적적인 발명이다. 결국 독서는 우리의 뇌를 지적으로 탁월하고 창의적인 뇌로 바뀌게 하고 세상을 바꾸는 위대한 업적을 남기게 하는 원동력이 된다. _김호진, 『똑똑해지는 뇌과학독서법』

798 | 기억력의 비밀

죽을 때까지 우리가 사용하는 기억력은 우리가 가지고 있는 기억 능력의 10퍼센트에도 미치지 못한다고 합니다. 계산을 해 보도록 합시다. 인간은 매일 알게 모르게 수십만 개의 새로운 기억을 가질 수 있습니다. 그것에 우리가 몇 년 더 살 수 있는지 수명을 곱합니다. 어떤 숫자가 나오나요? _에란 카츠, 『*슈퍼 기억력의 비밀*』

799 | 마음 놓고 하는 실험

어렸던 우리가 자신이 창조적인지 아닌지 알 리 없었다. 다만 우리는 마음 놓고 실험할 수 있다는 것 그리고 그게 성공하든 실패하든 별 문제가 되지 않는다는 것만 알고 있을 뿐이었다. 그래서 우리는 계속 뭔가를 '창조'했고, 주물럭거렸으며, 마음 가는 대로 건드리기만 하면 재미있는 뭔가가 생긴다는 것을 굳게 믿었다.

_톰 켈리·데이비드 켈리, 『*유쾌한 크리에이티브*』

800 | 문제를 의심하라

가장 중요한 것은 바로 문제를 의심하는 겁니다. 변수가 많은 세상에서 하나뿐인 정답은 있을 수 없습니다. 우리의 삶은 답을 찾기 위한 노력의 과정입니다. 만약 여러분의 삶이 행복하지 않다면 이제껏 잘못된 답을 따라왔기 때문입니다. _이종인, 『다르게 보는 힘』

"변화의 물꼬를 틀어라"

성장의 핵심은 '변화'입니다. 그리고 그런 변화를 위해서는 다양한 경험과 새로운 시각이 필요합니다. 모든 것을 직접 경험하고 식견을 넓힐 수 있다면 좋겠지만, 바쁜 현대사회를 살아가는 우리에게 그런 경험의 시간을 마련한다는 것은 쉽지 않은 일입니다. 이럴 때, 우리에게 다양한 세계를 보여줄 수 있는 무한한 통로가 있습니다. 바로, '책'입니다. 책 한 권을 읽는다는 것은 그 속에 담긴 세계, 시각을 파악하고 내 것으로 만드는 것과 같습니다.

이렇게 거대한 세계를 담고 있는 한 권의 책을 읽다 보면, 책의 저자가 궁극적으로 말하고자 하는 정수와 같은 한 문장들을 발견할 수 있게 됩니다. 즉 책 한 권을 제대로 읽는다는 것은, 책 속의 많은 문장 속에서도 가장 중요한 의미를 담고 있는 그 속의 한 문장을 찾아내어, 그 의미를 일상 속에서 실천하는 것입니다.

이 책은 그런 핵심과도 같은 문장만을 모두 모아 한 권에 엮어냈습니다.

그러므로 이 책을 꾸준히 반복해서 읽는다는 것은, 당대의 천재 베스트셀러 작가 800명의 탁월한 생각을 훔쳐 자기 성장의 밑거름으로 만드는 것과 같습니다. 여기서 중요한 것은 반복입니다. 반복적인 자극으로 작은 루틴을 만들고, 그 작은 루틴이 모여 삶 전체를 바꾸게 되는 것입니다. 이 책을 들여다보고, 문장을 되새기며 마음을 정리한다면, 당신도 변화를 향해 한 걸음 나아갈 수 있게 될 것입니다. 독자 여러분의 점진적인 변화와 성장을 두 손 모아 응원합니다.

책 속의 한 줄을 통한 백 년의 통찰
백 년의 기억,
베스트셀러 속 명언 800

초판 1쇄 발행 2022년 2월 3일
초판 3쇄 발행 2022년 9월 1일

지은이 | **김태현**
기획 편집 총괄 | **호혜정**
편집 | **이다현**
기획 | **김경민 김민아**
표지·본문 디자인 | **이선영**
교정교열 | **호혜정**
마케팅 | **이지영 최미남**
펴낸곳 | **리텍 콘텐츠**
주소 | **서울시 용산구 원효로 162 세원빌딩 606호**
전화 | **02-2051-0311** 팩스 | **02-6280-0371**
이 메 일 | **ritec1@naver.com**
홈페이지 | **http://www.ritec.co.kr**
페이스북 | 블로그 | 카카오스토리채널 | **[책속의 처세]**
ISBN | **979-11-86151-49-5 (03190)**